乡村振兴说战旗系列丛书

总主编 杨团 仝志辉 刘建进

乡村振兴说战旗·土地篇

仝志辉 刘建进 著

華東理工大學出版社
EAST CHINA UNIVERSITY OF SCIENCE AND TECHNOLOGY PRESS
·上海·

图书在版编目（CIP）数据

乡村振兴说战旗．土地篇 / 仝志辉，刘建进著．上海：华东理工大学出版社，2024．8．-- ISBN 978-7-5628-7440-9

Ⅰ．F327．715

中国国家版本馆 CIP 数据核字第 20243L118Y 号

策划编辑 / 刘　军
责任编辑 / 藕　园
责任校对 / 孟媛利
装帧设计 / 肖祥德
出版发行 / 华东理工大学出版社有限公司
地址：上海市梅陇路 130 号，200237
电话：021 - 64250306
网址：www.ecustpress.cn
邮箱：zongbianban@ecustpress.cn
印　　刷 / 杭州日报报业集团盛元印务有限公司
开　　本 / 890 mm × 1240 mm　1/32
印　　张 / 7.75
字　　数 / 141 千字
版　　次 / 2024 年 8 月第 1 版
印　　次 / 2024 年 8 月第 1 次
定　　价 / 58.00 元

乡村振兴说战旗
系列丛书

组织编写

北京农禾之家咨询服务中心

中共成都市郫都区委党校

四川战旗乡村振兴培训学院

总主编

杨　团　仝志辉　刘建进

编委会成员（按姓氏笔画排序）

仝志辉　刘建进　李光菊　杨　团

杨明学　余文正　陈　静　陈晶晶

易奉阳　高德敏　郭　静

总序

乡村振兴作为国家战略，是从现在起持续到 2050 年的长期事业。全国 49 万多个村庄，38 558 个乡镇，2 843 个县，能否走出一条适合当地资源条件，满足农民生计发展需要，缩小乡村内部差距和区域差距、城乡差距的道路，实现共同富裕、城乡共融，是对这一战略实施效果的检验。

每个村庄、每个乡镇、每个县区，所走的路可能形态不同，分属于不同的类型，但都有相同性质的工作内容。乡村振兴是公共事业，必须包含“适合当地、整体提升、均衡可持续”这三大公共性目标诉求，并且需要从社会资源平等分配、农民主体性和平等参与、公共利益建设与维护等维度去做回应。

1990 年全国村级组织建设座谈会，史称“莱西会议”，总结出“党的领导、村民自治、集体经济”三大基本原则。这三大基本原则将贯穿在本地域的乡村振兴实践当中，可以实实在在地将以人民为中心的发展思想落实到基层，实现三大公共性目标诉求。

在中国 960 万平方千米的国土上，有没有成功贯彻这三大基本原则、实现三大公共性目标诉求的村庄呢？有。四川省成都市郫都区战旗村就是其中的一个好案例。

这个村自 1965 年独立建村（2020 年与相邻的金星村合并成今天的战旗村）以后，八任党组织书记接力领导，带领全体村民，通过企业改制、农地集中、建设新型小区，以集体土地为资本，发展出了与市场经济相容的多层级的农村集体经济，走出了一条普通农业村庄逐步实现乡村振兴的路子。值得一提的是，这个村的重要事项都由村民说了算。

2018年春节前夕，习近平总书记考察了战旗村，看到战旗村的基层党建好、集体经济强，特别是人人参与，大家都有获得感，就以“战旗飘飘，名副其实”表达对战旗村工作的赞誉。习近平总书记还希望战旗村在未来振兴乡村的事业中继续“走在前列、起好示范”。

农业农村现代化是中国式现代化的重要内容。战旗村的发展实现了第二次飞跃，其基础是基层党组织领导下的新型集体经济。它特别表现为村庄集体的主体性和村民个体的主体性的优势互补、互为支撑，市场经济条件下集体经济和私营经济的相生相融。在推动乡村发展的过程中，村庄和国家的有机互动，展现出新时代“统分结合、双层经营”的新形式，以及自主活泼发展的新面貌。

新型集体经济还是一个新事物。建设好中国式的新型农村集体，发展壮大集体经济，是全国广大农村基层干部的重大工作事项，也是全面推进乡村振兴的关键。

他山之石，可以攻玉。为向农村基层干部准确传递战旗村的经验，透彻理解战旗村在20多年改革实践中发展集体、服务村民的做法，北京农禾之家咨询服务中心研究组在组织团队多次赴战旗村调研的过程中，产生了为农村基层干部编写一套书的想法，主题是“乡村振兴说战旗”。我们接受了战旗村党委关于培育本土“战旗讲师”的委托，将农禾之家以往培育“禾力乡工”和“禾力乡师”的做法升级。因此，以“一对一”导师制培养的这批本土“战旗讲师”就成为农禾之家研究组编写“说战旗”读本最佳的助手。这些本土农民出身的“战旗讲师”最了解战旗，他们的参与为本丛书的编写注入了乡土新意。我们与村干部和村民骨干反复讨论，不断梳理历史事实，体会和理解战旗经验，又请这些讲师学员帮助我们核实情况并纠错，经反复打磨提炼和取舍编写，才有了本丛书。我们还要求这批经我们培养的讲师学员用本丛书的材料进行课程试讲和精品课程打造。他们讲述时的代入感既让我们深受感动，又使我们更加深刻体会到农村基层干部对乡村振兴知识样态和内容的真实需求，促使我们更有动力为广大农村基层干部更好地理解战旗经验而编好本丛书。我们也更加感受到，为这些我们亲自培养的战旗本土讲师学员站好讲台，传播好战旗做法而竭诚服务是我们的责任。可以说，本丛书是农禾之家与战旗村、战旗学院、战旗本土讲师共同努力而完成的。本丛书的编委会理所当然也就由这多方的成员代表共同组成。

本丛书以全局视角审视乡村未来发展，以独特观点重点解读进入

21 世纪后战旗村 20 多年来的乡村发展实践，总结提炼战旗村可持续发展的重要经验，力图给致力于乡村振兴的基层干部和集体经济组织、农民合作组织一份可参照学习的乡村振兴读本或教程。

我们衷心希望本丛书的读者也能够在实践中自觉应用并推广书中的观点。为此，我们对书的呈现方式做了精心安排，先按照每册书要说明的主题内容分好章，再按照“背景导入”“战旗实践”“我们的评述”“同类做法”“邀你共议”等五个环节，逐步将我们想与读者共同讨论的内容有条理地呈现出来，并引向对内容的实际使用。我们知道，对我们倾注心血的事业来讲，本丛书的使用要比内容的编写出版更为重要。只有大家觉得本系列读本传递的内容可用、实用、好用，并且愿意不断创造出各种使用方式，才能体现我们这种“另类”知识生产方式的真正实践价值。我们愿意和大家一起努力！

杨团　仝志辉　刘建进

2024 年 2 月

看见战旗

中国的城市和乡村原本就是连在一起的。村庄和国家也是这样，在现代化的进程中密不可分、“一体同构”。

四川的战旗村位于中国西部都江堰水利工程的下游。这个村子成立于 1965 年，现有 16 个村民小组，村民 1 145 户 4 469 人，耕地 5 430 亩，建设用地 1 160 亩，其他未利用地 1 410 亩。2022 年，村集体收入 680 万元。农民年人均可支配收入 3.85 万元，在当地处于中上水平。

很多人第一次去战旗村，会觉得战旗村像个城郊的小镇。村内柏油路宽阔。两层的别墅，连成新式的小区。村里有学校、酒店、乡村博物馆、壹里老街、初心馆、连锁超市、各种饭馆、民宿、台丽庄园、工厂化的杏鲍菇生产基地。很多人在村里上班，也有的开车去城镇上班，晚上再回来，也有的在城区投资置业，买了房子、店面。村内有幼儿园，边上有战旗小学。小孩得个感冒，老人干活儿手拉了个口子，村里的卫生院也能处理。2018 年春节前夕，习近平总书记来战旗村调研，希望战旗村在新时代乡村振兴的工作中能继续“走在前列、起好示范”。之后，战旗村就像一个乡村振兴的大舞台。红色旅游迅速发展起来，乡村振兴培训业务也成为带动村庄转型的火车头。

在战旗村，这近 60 年的发展变化有一部清晰的“创业史”。

如果从 1965 年开始算，战旗村建村时间并不长。农民组织起来之后，通过“条田改土”，学习大寨经验，农地质量得到提高；良种、农机和化肥的应用，促使农业生产效率提高较快。20 世纪 70 年代，战旗村就解决了饿肚子问题，分田到户比其他村子晚了一年。在社队企业的基础上，20 世纪 80 年代战旗村的乡镇企业迅速发展起来。2003 年前后，时任战旗村党支部书记李世立力排众议，采取赎买的政策，把已经逐渐私有的村办企业转为集体独资的企业，并且通过招标，以租赁制的形式交给私人经营。这一逆时代潮流而动的变革，不仅明确了产权，还为集体积累了 420 万元现金，为新世纪战旗村系列改革变迁奠定了经济和组织的基础。

2006 年，“大学生进农家活动”重建了村庄和政府的关系。2009 年战旗村通过拆院并院，村民退出原来的宅基地，住进了既栽花又种菜的新式小区。2011 年，战旗村基本上完成土地整合。集体经济组织的每个成员都拥有相同面积的农田和宅基地。同年，农文旅融合的“妈妈农庄”项目开张营业。村里老人说“从来没有见过这么多人”。2015 年，战旗村敲响四川集体经营性建设用地入市第一槌。投资方买了集体土地 40 年的经营权后，在原来乡镇企业用地上建起了商住综合体。与其他村庄相比，战旗村比较好地把政治视察的优势转为村庄的知名度，对业态和基础设施进行了升级，成为不少村庄党组织负责人、乡镇干部研究学习的榜样，走向了全国。

“整合土地、经营村庄”“以土地谋发展”是战旗村最近20年来最重要的发展经验。土地是村庄集体最重要的资源。战旗村党委书记高德敏经常说的一句话是：经营村庄最重要的是要经营土地，要充分利用好集体土地的所有权。农地的集中，宅基地的整合，集体土地入市，合作开发，作价入股，都有力地推进了战旗村从一个发展阶段转到另一个发展阶段。土地是联系农民和国家、农民和市场最重要的纽带。集体土地、集体成员、集体所有是中国特色社会主义制度的重要组成部分。但名义上的集体土地所有权在很大程度上是被实际悬置起来的。土地的权利、土地产出的剩余在农民、集体、政府之间被划分。这背后是工业化、城市化大背景下工农、城乡关系的转变。“大包干”就是一个很好的例子。在战旗村，因其自身的积累，因其自身的主动性和创造力，我们都能看到这20年走在前列的创造与变化。

战旗村的经营，其主体是村庄集体本身。它以村党组织为核心，以集体经济合作社为法人和资源所有者，以村民委员会（以下简称“村委会”）和村民代表大会为治理和组织载体，是一种“三位一体”的结构。村庄的干部要学习企业经营管理的办法，提高效率，村庄这个集体首先是为共同体内的所有成员服务的。“要像经营家庭一样经营村庄”，而不是把集体当成一个企业。人能力有大小，性格有差异，以户为单位，彼此联系在一起，共同生活在一起。就像一个国家一样，没有这一群人，即便土地还在，也没法构成一个共同体。

战旗村的发展能映照出中国农政发展变迁的历史。要想理解战旗村已经发生的变化，看到战旗村的未来可能性，我们也需要把这个村放在“农民—村庄—国家”关系的变化中来理解。集体作为农户和国家、农民和市场之间的中间物，有其独特的作用。在战旗村，我们看见了这60年集体的生成、转变、再造与新生，看到了村国关系的变化，看到了新时代一个新的集体生成，也看到了其潜力。这虽然是地方的经验，却也能看到有普遍价值的方向。

陈晶晶

2023年7月

目录

第一章

战旗村的变迁与土地资源开发利用的历史过程

一、背景导入

2018年春节前夕，习近平总书记来战旗村考察，这是他在党的十九大之后考察的第一个村庄。他在战旗村村民集中居住的社区里向全国人民送出春节祝福，并对战旗村的发展高度赞许：“战旗飘飘，名副其实”。

战旗村成立于1965年，位于郫都区都江堰市和彭州市三区市交界地，距成都市三环路45千米、郫都城区21千米，是典型的农业村庄。在2020年与相邻的金星村合并前，原战旗村总人口约为1 700人，耕地面积达到1 930亩，设有9个村民小组，全村辖区面积为2.06平方千米。2020年战旗村、金星村合并成立新战旗村①，新战旗村全村面积5.36平方千米，耕地面积5 430亩（其中粮食作物2 400亩，时令蔬菜1 200亩，花卉苗木1 300亩，设施农业530亩）；建设用地1 160亩（其中宅基地840亩、集体经营性建设用地320亩）；其他未利用地（沟渠、道路、水塘、滩涂、荒地等）1 410亩；有16个

① 战旗村的名称和行政辖属范围在不同历史时期不尽相同。1965年从金星大队析出独立时称“集凤大队”；1966年改名“战旗大队”；1983年10月“战旗大队”改为“战旗村”；2020年6月金星村并入战旗村，合并后村名仍为“战旗村”。本书中不同时期的集凤大队、战旗大队、战旗村分别对应当时的战旗村名称和辖属范围。

村民小组，1 145 户村民，共 4 469 人。

20 世纪 80 年代前，战旗村发展集体经济成就突出、走在前列，在四川省远近闻名。进入 21 世纪后，战旗村实现了农地集中流转至村农业合作社，进而促使不同农业经营主体开始规模化使用农地。通过参与成都市的“拆院并院”试点项目，战旗村获得了“增减挂钩”项目资金，成功建成了集中居住小区。紧接着，战旗村将全村的农地使用权全部集中到村集体经济合作社，实现了农地的统一经营。

战旗村党委书记高德敏总结战旗村的发展历程的经验时说，战旗村从起步发展到现在，不管是在 20 世纪 60 年代至 70 年代，还是在 21 世纪，所有的发展几乎都和土地有关。农地集中与农民居住集中相互关联，农民居住集中了，农地才能集中起来，而农地集中了，土地才能得到统筹规划，在统筹规划的基础上，才能得到合理使用、获得最大收益。土地的所有权和使用权均由村集体组织主导和管理，并且以此为基石，推动构建合适的集体经济组织构架和管理制度。

为了让大家更好地了解战旗村当前土地资源利用格局在不同历史发展阶段中的演变过程，我们需要从 1965 年战旗大队的设立时期讲起。

二、战旗村的实践

（一）白手起家、艰苦奋斗的创业精神

1965 年 3 月，在四清运动①工作队和先锋人民公社党委的研究决定，战旗村从原来先锋公社的金星村第三生产队（第 7～11 生产小队）单独分出，组建独立的生产大队。当时，金星大队下辖集凤、金星、向阳和祁村四个生产队，由于地域辽阔，管理难度较大；“大跃进”时期推行的“大公社”和“大生产队”的生产组织管理制度已被证实不符合当时农村的实际状况，因此有必要对之前人为合并的“大公社”和“大生产队”进行重新调整与缩小；集凤生产队因地理位置相对独立，土地和水利流域自成体系且社员们有意愿独立设立集体，因此具备独立建队的条件。这一情况使得集凤生产队当年得以独立出金星大队而另建新队，即后来的集凤大队→战旗大队。

毛泽东主席于 1964 年 6 月提出了社会主义教育运动的有效实施标准，这些标准包括：充分发动贫下中农的参与，解决干部中存在的

---

① 四清运动即社会主义教育运动，指当时针对农村干部中存在的多吃多占、账目不清、贪污盗窃等现象，中共在全国农村开展的“清理账目、清理仓库、清理工分、清理财务”运动，随着运动的发展，后来演变为“清政治、清经济、清组织、清思想”。

“四不清”问题，鼓励干部参与劳动，构建强有力的领导核心，实现农业增产等。战旗大队之所以能从金星大队中独立出来，正是基于这一重要的历史背景。1965 年，先锋公社党委研究后认为：第一，目前公社大队的地盘大，户数多，领导和管理有困难，以致有些问题不能及时发现，即使发现了也不能及时解决，为了壮大和巩固集体经济，只能等待时机加以解决；第二，党开展的社会主义教育运动，对干部进行了考核，这些教育使得一些干部具备了独立工作的能力，能正确贯彻党的方针、政策，密切联系社员群众，在此情况下，分出一些大队更能促进生产的全面发展。

战旗村刚分出来时大队名称是集凤大队，新成立的集凤大队分到的村集体财产只有 3 间猪圈、1 个木质文件柜和 3 把椅子，同时也承接了金星大队分摊过来的 700 元债务。在集凤大队分出的次日，猪圈房的檩条木不幸被外村人盗走，导致猪圈内仅剩余一堆杂草。首任村党支部书记蒋大兴领导社员们建造了 6 间极为简陋的泥巴房，其中 3 间用作养猪场，另外 3 间则作为大队部和党支部的办公用房，办公房内的凳子均是由泥巴土砖简易砌制而成。

尽管沿用历史上的“集凤”作为大队名称有其合理性，但新成立的大队党支部认为，为激发社员劳动热情，应选择一个更具时代感、更响亮的新村名，以鼓励大家齐心协力，艰苦奋斗，从而改变村庄贫穷落后的面貌。1966 年，大队党支部书记蒋大兴提出：“我们要作为‘农业学大寨’的一面战旗。”当时全国农村都在进行“农业学大寨”，“战旗”这个新名称带有“高扬起党的战斗旗帜，引领全村群众不断奋斗前进”之意，大队全体党员和群众一致赞同。经郫县四清运动工作队和先锋人民公社党委研究后，同意把“战旗”作为新设立生产大队的新名称，战旗大队由此确立。此后，无论是 1983 年先锋人民公社行政区划名称恢复为唐昌镇，生产大队恢复为行政村建制，还是 2017 年郫县撤县设为郫都区，战旗村这一地名一直未变。由于战旗村一直保持着先进性，其村名逐步广为人知。

自战旗村从金星大队分立出来，独立设立大队的第一天起，全体干部和群众就意识到他们必须白手起家，依靠社员的团结奋斗来谋求发展。首任大队书记蒋大兴在回忆创业时期的艰辛历程时，眼中含泪地表示：“我们最宝贵的财富，就是自己的双手，所有的收获都需要依靠这双手从土地中耕耘，从自然中索取。”第一任大队队长罗会金回忆时说：“当时全大队社员劳动积极性很高，人心特别齐，很团结。”

“兴业犹如针挑土，败家像是水推沙”，这是一句流传于当地的谚语。战旗村村民明白将劳动与土地结合就能创造财富。凭借勤劳的双手和智慧的头脑，战旗村村民不畏艰苦、不惧风霜、团结协作、勤俭节约，使得土地孕育出丰硕的果实。从第一任党支部书记蒋大兴开始，“红色战旗精神”就一直在战旗村不断传承。战旗村人对此的理解是：“有一面党的战斗旗帜作指引，带领全村群众不断前进。”直到如今，战旗村的这一奋斗精神始终未曾淡化，“走在前列”的动力始终未曾松懈。

（二）农地集中整治带来土地生产力的提升

战旗大队独立后，经过全体干群为期2年的艰苦奋斗，粮食问题得到了基本解决。这在当年的生产条件下是一项极为显著的成就，战旗村因此开始在当地崭露头角。

1969年，郫县县委下发了《“农业学大寨”三年规划（初稿）》文件。先锋公社根据自身的实际情况，发布了《先锋人民公社“农业学大寨”三年规划（初稿）》，文件中提出“高举一面旗，不忘一条线，大干三五年，一变（思想变）促三变（土地变、技术变、产量变）”的战斗口号，同时提出了“注意发挥典型与榜样的作用，公社要搞好一个大队，大队要搞好一个生产队的学大寨先进样板”“根据群众的要求，自愿推行德阳红光大队的大队统一核算，从战旗大队试点，有了经验后再逐步推广”。可以说，自这两个文件发布以来，战旗大队展现出探索并谋划集中力量办大事的主体性意识，同时，战旗人也展现出勇于探索并走在前列的地方性政策环境条件的优势。这是后来战旗村坚定走发展集体经济道路并取得成功的重要起点。

经过大量辛勤的劳动，战旗村以农业生产为起点，为后续其他方面的全面发展奠定了坚实的基础。他们首先从农田基本建设和基础设施改造入手，提高农业生产力水平。20 世纪 60 年代末，战旗大队拥有超过 1 600 亩的农田，其中仅约 400 亩土地品质相对较好，而近一半的农田属于“烂糟田”和“下湿田”，这些农田在地表上虽无积水，但地下水位极浅，排水困难，属于低品质农田。另有 300 多亩的旱地，田地表面极不平整，高度差甚至有 1～2 米。当时，地块形状不规则，大小不一，大块的有 1 亩多，小块的有 2～3 分，全部土地算起来共有三四千块之多，耕作起来很不方便。社员们要求改造土地的呼声很高。

当时的战旗大队下辖 9 个生产队，共计 283 户，人口总数为 1 194 人，然而，全职劳动力仅有 560 余人。因此，要实现土地整治的建设目标，任务非常艰巨，需要凭借坚韧不拔的毅力和付出艰辛的劳动。

1968 年起，大队长罗会金在大队领导班子的支持下，着手对战旗大队的土地进行规划和整理。特别是在去了山西昔阳县大寨大队实地参观后，他更加体会到土地规划和土地整治的重要性和必要性，他提出了战旗村实现农地“沟端路直树成行，条田机耕新农庄”的发展目标并着手逐步实施这一目标。这种土地规划和村庄发展的设想与行动安排，在当时无疑展现出了极高的前瞻性和创新性。

这是战旗大队第一次有规划的大规模土地集中整治。当时由于缺乏机械动力，几乎完全依赖社员的体力劳动，所使用的劳动工具也相对简单。全村大部分区域的土地地势起伏不平，受河流和沟渠的切割，存在大量洼地且部分地块还伴有小土丘。村集体要把这些土地改造成平坦且规整的田地块，绝非易事，不下一番大功夫根本无法实现。

村民易春长在回忆当年土地整治场景时说："记得那个时候，一到农闲季节，大队就组织社员进行土地整理工作，即便遭遇大雨或逢年过节，也未曾中断。只要是符合整理条件的田地，如有一定面积的，都进行了细致的规整，每条田塍、每条沟渠都整理得笔直，条块分明。当时我们大队的田地，得到整理的有90%左右。"

这第一轮的农地整治行动持续了3年多。最终，整个战旗村的农地面貌焕然一新。当时，周边各公社及大队都未曾实施过如此大规模的农地集中治理行动，战旗大队的这项行动就显得尤为突出。不少公社大队的干部专门前来参观，纷纷赞叹不已。

经过3年的艰苦努力，战旗大队在农地整治方面取得了显著成就，农地初步实现了"条块化"管理，农业生产水平得到大幅度提升。然而，这尚未从根本上改变当地的农业生产条件。战旗大队从1971年起又开始了新一轮的调田改土。新一轮的农田基本建设做得更加精细，所有高低不平、大小不一的田地被改造成方方正正的标准农田，沟渠路相通，排灌方便且合理，全部达到良田的标准。1972年冬季至1973年春季间，全大队对100多亩低产田进行了土壤的改良工作。经过从1970年到1974年的不懈努力，战旗大队成功将近4 000块形状不规则、大小不一、高低错落的田地改造为800多块方正平坦、每块面积2亩左右的标准化农田。同时，还修建了总长度1.5千米、底宽1米、深1.5米的明沟渠，以及5条各长1.5千米的分斗渠。为方便通行，这些沟渠上都修建了人行桥座。在注重土地集中整治和农田基础设施建设的同时，战旗村还投入大量劳动力进行土壤肥力的提升工作，并且注重养猪副业与农业生产的协调配合。在中国工业尚未具备化肥生产能力之前，养猪积肥对提高土地肥力、促进农业生产具有极其重要的意义。

可以说，战旗村自设立之初，就将其村名中蕴含的“战旗精神”贯彻于实际行动之中。在改造低产农田的土地整理行动中，战旗村持续培养和强化“战旗精神”，成为推动其不断追求新发展的重要力量。大规模的土地集中整理使得战旗村的低产田变成了良田，成为后续推动居住集中和集体企业发展的重要基础。

（三）土地整治带来农业机械化和农业结构的调整

20世纪60年代末至70年代初，战旗大队的集体粮食生产不但实现了自给，而且每年都有剩余，获得了“郫县粮食生产模范”的荣誉称号，受到县委县政府的表彰。罗会金书记仍然不满足现状，提出在大队建立拖拉机站（后改为“农机站”）的设想，也获得了大队领导班子和社员群众的支持。得益于“烂糟田、下湿田”的改造及沟渠排灌系统的完善，战旗农田的地下水位显著降低，农田质量得以提升，使得原本无法使用耕牛和拖拉机耕种的农田也具备了机械化耕作的条件。战旗大队广泛使用拖拉机等机械化种地的方式进一步提升了农业劳动的生产效率。

当时，在整个郫县范围内，使用拖拉机等动力机械进行农业生产的案例极为罕见，而战旗大队在这方面率先取得了突破。当时，为了获得一台拖拉机，大队需要付出大量的粮食作为交换。战旗大队在1972年前后成立了拖拉机站，购进了第一台国产拖拉机。为了学会使用拖拉机，战旗大队选派了人员去先锋公社拖拉机站培训学习。拖拉机的使用不仅使战旗大队赢得了周边地区村民的羡慕，而且在其后续的农副业生产、社队企业发展中起到了直接的推动作用，并且为社员集中居住行动的实施奠定了坚实的基础。最重要的是，战旗村的领导班子通过这一系列实践工作逐步培养起了前瞻性的发展眼光和统筹安排的规划意识，也形成了根据现实情况和发展目标量力而行、逐步逼近目标的脚踏实地的工作作风。

1965 年至 1975 年的 10 年间，战旗大队依托自身的劳动投入，集中力量进行了农地的基本建设，并且成功引入了农机设备和电气设备。到 20 世纪 70 年代末，战旗大队已有 90%的农田实现了机耕作业。同时，排灌、脱粒、饲料加工等农业生产环节也逐步实现了半机械化或机械化。农业生产效益获得了极大的提升，粮食生产水平不断提高，原本只能种植一季的农田，当时已能种植两季，小麦和水稻的单产水平均得到显著提升。同时，秉持着自力更生、土法上马的原则，战旗大队先后开展了农机维修、农副产品加工、建筑、棉花加工、理发、屠宰、缝纫等农工副业生产活动，并且逐步向乡村工业领域拓展。

战旗大队独立分出之前属于金星大队。金星大队在 1965 年前一直被认为只是先锋公社的一个中等或后进大队，它的第三生产队（后来的战旗大队）更是被认为在农业生产和养猪发展上属金星大队中落后的生产队。令人难以想象的是，战旗大队独立出来后经过几年的改土整治，水稻、小麦的单产水平和人均生猪饲养头数已经位列先锋公社甚至全县的榜首，集体储备粮达 24 万斤，集体公共资金积累达 17 万元，包括拖拉机在内的各种农业机械用具 61 台，集体经济实力不断壮大，社员的生活水平也逐步提高。这一令人深思的现象背后，道理究竟何在，是非常值得研究的。然而，由于时间久远，人事变迁，对于这一现象背后的深层原因进行深入研究存在不小的难度。

1975 年，战旗大队已经从生产队核算转为大队核算。实际上，只有土地获得集中整治，并且在农业生产上能够实施一定的统一管理措施，大队才可能实现统一核算。若地块分散且形状不规整，将导致核算成本显著增加，从而难以有效进行。尽管土地已经过整治，战旗大队仍依据土地质量将农地细分为 9 个等级，每个等级之间的分类依据——年产量相差 50 斤的标准。这种土地等级的划分法一直保留至今。在农地实现集中之前，农户家庭承包在小组内部每年进行调整时按照等级分配。一直到 2011 年，战旗村已经实现跨越小组界限，由村集体统一对农户家庭承包土地的经营权进行发包时，也依然采用这种按年产量相差 50 斤分级的农地等级划分法。

当年，为了修建集中居住小区，战旗大队对人口和资产进行了一次全面的盘点。全大队人口为 1 403 人，耕地面积 1 709 亩，储备粮 116 890 斤，拖拉机 7 台，公房 311 间。在完成公粮征收任务后，社员的人均口粮达到了 600 斤。在战旗大队的 9 个生产队中，年终分红最高的生产队每 10 个工分值达到了 1 元 8 角，整劳力年平均分红为 218 元，这一成绩在先锋公社各大队中名列前茅。相比之下，当时郫县普通工人的月工资一般为 30 元。

从刚成立时几乎一穷二白，背负着700元的债务，到10年后成为全县农村的农业生产模范大队，战旗大队的成功归因于其建队时确立的“战旗精神”，以及团结奋斗的集体精神，通过艰苦的劳动对低品质农田和农业生产基础设施进行了改造，通过土地集中整治，提高了农业生产能力，进而从农业生产提升中获得了集体积累。至今，战旗村的干部群众始终铭记，土地资源的集中整治和团结协作的集体劳动是战旗村发展的基石。没有集体的团结协作力量，整体上的农田改造和基础设施建设是无法完成的。土地资源的集中整治和开发利用与集体劳动和团结协作精神的发挥紧密相连。

战旗村发展的第一步是通过提高农业生产效率来获取剩余产品。而农业生产的提高是通过劳动投入改造农田实行科学种田，通过节省开支、制止浪费及适当控制消费来优化资源配置。战旗村尽可能地把农业剩余积累起来，这些积累与劳动投入相结合，共同构成了推动非农工业发展的资本基础。战旗村现任党委书记高德敏回忆了当年的情景：为了确保粮食在不同月份的合理消费，每个生产队都按月从粮仓中取出粮食，分发给各家农户。这样可以适当地加以控制，防止收获季节之后的短期过度消费。其实这也是没有外来资本支持的农村集体能够从农业剩余中，积累起获得进一步发展所需要的生产投资的一种理性措施。

通过分析战旗村在1966年、1967年和1972年、1973年间的粮食产量（如表1－1所示）和分配数据表（如表1－2所示），我们观察到，仅考虑水稻和小麦的产量（忽略其他产品），战旗大队的粮食总产量实现了15％以上的增长。1973年，水稻单产达每亩762斤，小麦单产达每亩520斤。1975年，全国水稻单产亩均469斤，小麦单产亩均218斤。在7年的时间里，战旗村的人口增长了约30％，户数增加了23％，这一时期正值中国人口急剧增长的阶段。尽管粮食总量的增长未能与人口的增长保持同步，但战旗村的人年均粮食产量始终保持在1 300斤以上。战旗村社员人年均分配到的粮食从1966年的517斤增加到了1973年的540斤。我国当时还处在工业化积累时期，处在需要较多地从农业部门汲取资本的发展阶段，战旗村能够取得这样的成就是很了不起的。

表1－1　战旗大队1966年、1967年和1972年、1973年基本情况和粮食生产情况

年份	户数	人口	水稻面积／亩	水稻亩产量／斤	小麦面积／亩	小麦亩产量／斤
1966	248	999	1 813	613	427	415
1967	251	1 013	1 774	631	416	366
1972	300	1 274	1 510	676	485	463
1973	305	1 298	1 645	762	506	520

说明：1972年，郫县各公社、大队遇到了灾害，战旗大队虽然受到的影响较小，但非分配粮食也出现了下降。

表 1-2 战旗大队 1966 年、1967 年和 1972 年、1973 年粮食分配情况

年份	全年要分配的粮食总数/斤	国家部分/斤	集体提留/斤	个人分配/斤
1966	1 311 896	675 555	120 378	515 963
1967	1 309 496	694 181	81 036.5	534 278.5
1971	1 537 630	—	—	—
1972	1 379 405	604 388.5	114 297	660 719.5
1973	1 637 364	685 609.5	251 176	700 578.5

这 4 年间，战旗大队提供给国家的粮食平均占比为 47.2%，集体提留部分占 10.1%，社员占 42.8%。进一步观察战旗大队粮食分配在不同主体之间的动态变化，我们发现，尽管战旗大队上交国家的粮食总量有所增加，但其所占的比例却下降了 10 个百分点。上交给国家的粮食并非全部为无偿贡献，其中相当一部分获得了超额销售所得。根据国家政策的规定，上缴的粮食比例应在 5%至 30%之间，并且不得超过 30%。这部分销售给国家的粮食，作为集体收入当然会转成集体留存的公共资金。这期间，粮食留存集体资金的比例从 9%上升到 15%左右。1973 年，战旗大队的公共资金积累就达到了 20 万元，储备粮达 20 多万斤。实际上，这时战旗村已经开始考虑如何进一步把这些农业剩余的积累资金用在进一步发展和改善生产和生

活条件上。

（四）居住小区的集中建设，引带出集体工业的发展

随着农业生产水平的发展，农民收入逐步提高，改善居住环境就成为中国农民接下来的愿望。20 世纪 70 年代中期，大队干部在外出参观学习活动中，开始有意识地思考战旗村的发展前景。当时村干部李世炳到大寨参观学习，留意到大寨人自己统一规划、集体建造的整齐窑洞式农居，此种类型的农居能够大量节约土地资源，这一点深深吸引了李世炳。战旗村虽然地处平原，但土地资源也同样珍贵，如果采用统一规划、集中居住方式，一定会带来更多的便利。他就思考，既然通过集体的力量可以实现土地改革和农田改造，那么为何不能进一步努力，构建一个社会主义集体居住的小区呢？通过宅基地的集中，腾出土地，将其改造为农田岂不更是好事一桩？他把自己外出参观学习得到的启示和想法与村领导班子其他成员们进行商讨，最终在大队社员们的拥护和响应下，决定实施集中居住这项建设工程。

当时，多数农户居住的是草房。为了提升集中住房的品质，村里决定建造坚固耐用的石头砖房。石头是由大队自带干粮的壮劳力到西山开采，作为房屋的基石，其他砖头、木料、瓦片等建材也都尽量自己筹置，其中砖头由社员们自己生产。战旗人自己建造集体居住房的

行动在当地是一项创举，影响面很广，上级相关部门纷纷给予支援，甚至支援了制砖机。尽管上级部门对战旗村集中居住小区建设的行动表示赞赏，并且提供了技术和设备的支持，但整个建设工程和砖厂的修建仍主要依赖村民自身的力量，包括各生产队的材料筹备和社员的劳动投入。大队动用了基干民兵强壮劳动力，奋斗了 120 天，硬是把机砖厂修建了起来。

鉴于当时生产所需的劳动力主要依赖于战旗村的民兵，该砖厂于 1977 年投入生产时，被命名为“郫县先锋第一机砖厂”，并且同时被称为“郫县先锋公社民兵机砖厂”。这表明，这家完全隶属于战旗大队的集体企业，其产品生产规模和销售影响力显著，已远超出本大队所属的“公社”范围。当时工厂里已经分设制坯车间、干燥车间、焙烧车间（轮窑工艺），工厂在生产设备上拥有东方红履带拖拉机 1 辆、不同型号制砖机 2 台，不同型号汽车 4 辆，还有变电设备和汽轮机等，总固定资产达 30 万元。1977 年 4 月，砖厂建成投产时的年产量是 200 万块标准砖，由于砖厂生产的砖品质优异，销路很好，一时间供不应求。1985 年，“郫县先锋第一机砖厂”的年总收入约为 30 万元，纯利润 7.5 万元，向国家缴纳税金 3 万元。砖厂经营期间，先后有 181 名本村劳动力在厂内就业，其中有 23 名当年参与建厂的民兵进入砖厂的劳动和管理岗位。

战旗大队建造集体居住房屋的行动带来的影响非常深远，它不仅带动了一个制砖厂，促进了当时村社企业的发展，而且是对后续本文中要讨论的21世纪全村集中居住连片社区建设的前奏性探索。尽管受限于财力、技术条件和建设经验，此次集中居住建设行动未能完全达到预期目标，仅建成4栋包含64套全新楼房式住宅，供17户共计87名社员入住，但这些新房在附近乡村已经产生了轰动效果。当时，相当多的农户住的仍是旧式的泥草房，人们对住进新房的社员十分羡慕，因为新住宅宽敞、舒适，每家屋前有个小花园，又配建了养猪、养鸡的圈舍，基本设施齐全。从某种角度上讲，它在人们思想观念方面引发的示范作用远比整体居住条件改善的意义大得多。

在此之前，战旗村曾尝试自行烧制砖块，用于大队礼堂和各生产队的集体公共用房建设。但那时的砖窑工艺较为落后，基本上靠人力劳动，效率不高，质量也不是太好。集中居住社区引发的轰动效应使得一些单位部门纷纷相助，如成都军区后勤部支援的3台制砖机。成都军区后勤部支援的制砖机让战旗人看到了工业机械的威力，3台制砖机每天可以出砖1万～2万块，而且规格和质量都很稳定。负责生产的战旗民兵迅速掌握了制砖机的操作技术，确保了机器能够满负荷运行。这使得敢想敢干的战旗人产生了自办砖厂的念头，而且很快付诸行动。

战旗村制砖企业的建立，源于集中居住建设工程行动的推动，标志着战旗村乡村工业发展的起步，并且对后续多种工业企业的创办产生了深远的积极影响。战旗砖窑厂不断升级成先进技术的制砖机，而且为了办好砖厂把战旗村质量最好的农田拿出来30多亩与相邻的园艺大队（今横山村）的坡地进行交换。起初，部分社员对将战旗村优质农田与相邻园艺大队的坡地进行交换的决定表示不解。对此，村干部们进行了耐心的解释，指出用良田土制砖令人惋惜，此举确保了良田未遭破坏，且交换的坡地土质优良（黏性强、杂质少），适合制砖，这样进行土地互换，两个大队都能从中获益，何乐不为？

随着战旗大队集体收入的迅速增加，其利用结余的利润积累，陆续开办了其他工业企业。在砖厂建立的同时，战旗坚持“多快好省”的原则，采用土法上马的方式，先后创办了农机、农副业产品加工、建筑、弹花、理发、屠场、缝纫等企业。数量最多时，战旗大队拥有12家社队企业，许多农村劳动力开始从事非农产业的生产活动或兼营其他农副业活动。1979年，战旗村从事亦工亦农活动的社员就有110人，占评工分总劳动力的24%。

（五）民兵组织在战旗村发展中的先锋作用

战旗大队在成立初期能够成功动员广大社员积极参与土地整治行

动，主要得益于大队领导班子的团结与带头，以及民兵连建设所发挥的重要作用。1952 年颁发的《中华人民共和国民兵组织暂行条例》(1987 年 11 月失效）规定，“凡年满十八岁至四十岁之男性人民，身无残疾或精神病者，均有参加民兵之权利和义务”“凡年满十八岁至二十五岁、政治纯洁、身体强壮、家庭劳动力充裕之民兵，均应编入民兵基干团组织”。实际上，后来许多地方规定男性普通民兵的年龄截止到 45 岁，而 16～30 岁的男性和 16～25 岁的女性则被纳入基干民兵的范围。此条例还规定了民兵组织编制和日常训练制度。1965 年，战旗大队独立出来时，大队的民兵连组织也随之设立。战旗大队民兵连工作的“三落实”（组织落实、政治落实、军事落实）工作在建队初期并没有运行得很完善。

1970 年，战旗大队对民兵工作重新加以整顿，采用了后来被证明非常行之有效的三条措施：(1) 民兵工作置于党支部的领导之下，明确责任制。党支部 7 个成员，5 个担任了民兵连的干部，每半月开 1 次民兵工作会议。9 个生产队民兵排的 18 位排长中，有 11 位是生产队队长或副队长。这样的安排使得民兵工作与其他工作在党的领导下得以有效开展。(2) 干部以身作则，起带头模范作用，不搞特殊化。(3) 民兵工作与生产紧密结合，通过健全的活动制度，确保每月都有相应的活动安排。

这些措施一经落实，就行之有效，民兵工作牢牢掌握在党支部手里，而且很快在学大寨开展土地整治的活动中发挥出巨大的作用。战旗大队经整编后的民兵总数 490 人，占全大队总人数的 38%。

（六）走进农村改革开放新时代

1978 年 12 月 18 日，中国共产党第十一届中央委员会第三次全体会议（以下简称“中共十一届三中全会”）召开，做出把全党的工作重点转移到经济建设上来的战略决策。之后，中共中央又发布了《关于加快农业发展若干问题的决定》，农村逐步进入改革开放进程。战旗大队领导班子认真学习《关于加快农业发展若干问题的决定》和《关于进一步加强和完善农业生产责任制的几个问题》这两个重要文件的精神，开始实行农业生产分组作业、联产计酬的经营方式，这是战旗农业生产走向家庭联产承包责任制的前奏。1979 年，战旗大队尝试农业生产分组作业、联产计酬的新经营方式取得了当时历史上最好的收成。在向上级汇报时，战旗大队明确提出，贯彻家庭联产承包责任制是进步而非倒退，强调“劳动致富”的崇高价值，呼吁党员应走在致富的前列。

1980 年，战旗大队开始实行家庭联产承包责任制，即在坚持土地等基本生产资料集体所有的前提下，允许农户在承包经营过程中享有部分生产资料的使用权，开始试行土地家庭承包经营，对农户实行“土地公有，两权分离”（所有权归集体，经营权归农户）的农业经营方式，并且通过合同结算（农户需缴纳足够的国家集体税费，剩余收益归农户所有）来确保这一经营方式的顺利实施，让农民尝试和对比体验不同经营方式的特点和利弊。

1981 年，家庭联产承包责任制在中国农村大部分地区推广，虽然战旗大队在实行联产计酬等改革措施上积极响应，但此时绝大多数农民并不愿意将土地分下去由每家农户家庭自己经营，只有 3 家农户同意并签了包干到户的合同。这 3 家农户是家里有较多的劳动力，觉得分田到户在开展农业生产上会比其他农户有优势。因此，大队干部向县有关部门申请暂时推迟全村统一实行分田到户。县委考虑到当时的实际情况，批准了这项申请。许多农户不愿意实行家庭联产承包的原因在于，当时战旗大队的非农企业已经发展得较为成熟，许多家庭的劳动力主要在企业里工作，部分农户家庭的收入主要来源于非农就业。他们担心农业生产的家庭经营模式会影响其非农就业和收入。自 1965 年战旗村独立成队以来，其在发展集体经济的实践中汲取了“大呼隆”和“大锅饭”等做法的经验教训，形成了一套自认为较为符合实际情况的生产管理制度。由于集体经济发展良好，要求他们突然放弃这一行之有效的做法，人们心中难免产生犹豫。他们认为战旗的农业生产问题已经解决，虽然探索新形式有必要，但要一下子回到家庭承包经营的模式还是难以接受的。

1982 年，县领导决定不准战旗村继续推迟实行家庭联产承包责任制。随后，战旗村将原本集体统一耕种的土地发包给农户耕种，从而启动了第一轮农地家庭联产承包责任制经营模式。

进入 20 世纪 90 年代，成都市农村经济开始全面向市场经济转型，出现了“公司+农户”等经营形式，致力于发展农村“双层经营体制”。与之对应的是，成都市的农村土地适度规模经营与土地流转机制也逐步发展起来。1998 年，第一轮土地承包全面到期，同年年底，战旗村顺利开展了第二轮土地承包工作。第二轮土地承包严格按照“大稳定、小调整”和“明确所有权、稳定承包权、放活使用权”的原则，将承包期延长到 30 年。

1982 年农业经营转向家庭联产承包责任制经营后，战旗村的集体经济发展重点转向了乡镇企业。随着 1997 年后乡镇企业改制所引发的一系列问题，战旗村的集体经济自 2002 年起重新整顿其机制，并且展开了一系列改革试点，这些试点涵盖了农地经营制度、宅基地使用及集体建设用地的制度改革和创新探索。

中共十一届三中全会以来，全国范围内推行起了以经济建设为中心、具有中国特色社会主义初级阶段的基本路线，战旗村在集体经济的发展上取得了显著成效，发展速度持续加快。1981 年起，战旗村新开办的企业不断出现，有豆瓣厂、酿酒厂、预制板厂、机面厂、铸造厂、塑脂厂、凤冠酒厂、宁商商贸公司、会富豆腐厂、5719 工厂战旗分厂（与飞机发动机维修厂联办）、鹃城复合肥料厂、迎龙山庄等 12 家村办企业。这些村办企业均依托集体经济积累的资金投资创办，其中部分企业在经济效益上表现优异，成为当时周边地区的明星企业。若非过去 10 多年通过土地整治所发展的集体经济所奠定的坚实基础及各类社会资本的积累，战旗村仅凭自身之力难以如此迅速地推动非农企业成为经济发展的核心驱动力。此外，值得注意的一点是，战旗村自 1975 年起便实行大队统一核算制度，并且不鼓励在生产队层面发展农副企业。当时的政策背景是不鼓励、不允许社队办门槛较低的商业服务业。办企业需要场地，因此乡镇社队企业发展得早的村庄现在能够有较多的集体非农建设用地，要归功于从集体化时代起步的集体企业的发展。

在改革开放新的历史时期，战旗人通过加大改革力度，积极探索“统分结合、双层经营”的农村集体经济实现形式。自 1998 年启动第二轮农地承包以来，战旗村持续探索土地产权明晰化及三权分置的有效实现形式，加大土地资源的流转和开发利用力度，使得集体经济不仅没有被削弱，反而得到了进一步的发展壮大，持续发挥“走在前列，起好示范”的作用。进入 21 世纪后，战旗村在农地集中、居住集中及非农建设用地“增减挂钩”和上市交易中，继续发挥集体经济组织的重要作用，并且在实施乡村振兴战略中保持领先地位。

三、我们的评述

(一) 不具有区位优势和特殊资源禀赋村庄发展的内在驱动力

战旗村位于成都平原，其资源禀赋、自然风光、传统文化、人文景观和交通区位等方面均无特殊优势，因此可被视为一个普通的乡村样本。

然而，如今的战旗村已焕然一新，农民集中居住在环境优美的新型乡村社区中，拥有联排别墅式住房，街道宽敞整洁，绿树成荫，生活服务设施一应俱全。河边生态绿道鸟语花香，呈现一派迷人的田园风光。战旗村已成功转型为宜居宜业的和美乡村，吸引了许多地方的人们前来学习取经。与 1965 年独立建立大队时相比，战旗村发生了翻天覆地的变化；与改革开放之初相比，更是呈现日新月异的景象。战旗村获得显著的发展，虽然有时代条件和区域农村普遍进步的因素，但其发展已经超越所在同一个区域的绝大多数村庄。

对于缺乏资源和区位优势且没有外来力量扶持的村庄而言，其发展的起点主要依赖劳动积累与土地整治所带来的农业剩余资本积累。要做到这一点，得有一个能获得村民信任并且有组织凝聚力、有决策执行力和有发展眼光的村集体领导的。若缺乏集体经济机制，则难以将农业剩余积累迅速有效地转化为非农企业资本，同时也难以通过土地整治和土地用途调整实现生产力的升级，进而走上产业结构提升的发展道路。

自初始阶段起，战旗人便通过实践深刻认识到土地集中利用及土地统筹整合调配的益处，知道如何正确处理整体利益与局部利益、眼前利益与长远利益的关系，也深刻认识到团结协作的集体力量。战旗的奋斗精神及社员们的集体行动意识，正是在这一过程中不断培育与强化起来的。

自农田整治启动以来，经过十几年的不懈努力，战旗大队凭借集体生产的农业产量的提升，成功积累了农业资源。同时，通过集体组织的动员，激发了村民的劳动投入，并且通过改善居住环境，凝聚了齐心协力的集体意识，以及追求卓越、勇争第一的奋斗精神。这些努力为村庄的发展奠定了坚实的物质基础，并且形成了持续推动村庄发展的内在动力。这是一种源于集体内部积累和驱动的发展动力，与依赖外界援助力量为主导的村庄发展模式截然不同。

战旗村人第一次尝试集中居住活动的思路来自参观学习大寨获得的启示，村集体想通过集中居住举措实现更好的农田集中利用和提升农民的福祉，虽然受到种种因素的限制，规模不大，但所引发的后续影响非同小可。从某种意义上说，它也在无意之中为战旗村村民在后来21世纪中能够顺利推行集中居住、合理调整土地资源引导产业升级和重新构建集体经济组织机制做了深远的思想观念上的铺垫。在当时，集中居住引发了战旗村的第一家有规模和现代工业技术的村办企业，并且后续不断触发新的非农业态。这样的产业升级带动作用他们当初可能并没能够完全预料得到，但依靠集体的积累和集体的力量，通过合理调配集体资源，尤其是通过土地资源的整体性开发利用促进发展的精神理念，却是在生产实践中培育形成并且很好地形成了内化。在后续的村庄集体发展过程中，这种集体意识不断地重现并且随着时代的发展变迁不断提升。以土地资源整体性综合性开发为基础，利用自己的劳动积累为主要形式形成村庄发展的内部资本，结合外部环境条件不断调整发展策略，同时注重发挥集体的主导作用和农户个体的积极性能动性，使得战旗村的发展动力能够持续地保持下去。

（二）集体凝聚力的形成与党组织建设、民兵建设和经常性活动

每个村庄都拥有土地和劳动力资源，能否有效抓住发展机遇并合理配置这些资源，一定程度上取决于是否存在一个能够引领村民团结奋斗、具备高效领导能力的村集体班子。

战旗村从建村一开始，就注重形成强大的集体凝聚力。战旗村做得非常成功，原因有以下三个方面。

第一，始终重视党组织的坚强领导。各任村党组织书记注重加强支部建设，发挥支部领导的作用。党组织始终围绕集体发展大局，不断根据时代条件和村庄发展实情，提出符合实际的村庄发展目标和重点任务。党组织始终强调发挥党员干部以身作则的表率作用，为党员和群众树立榜样。党组织还始终重视通过思想教育，精准把握各类群众的思想动态，推动群众的思想认识水平和政治素质的持续提升，确保群众的思想与党组织提出的发展方向保持一致。

第二，他们注重发挥民兵组织的作用，把民兵队作为一个特殊行动组织来打造。民兵在突破急难险重任务中扮演了“尖刀连”的角色，总能在遭遇困难和面对重大任务时发挥关键性作用。民兵的政治素质教育和日常训练也始终得到重视。民兵组织创建为先进组织以后，为村集体带来了荣誉，进一步激发了民兵和全体村民的凝聚力。

第三，注重开展经常性活动对加强集体凝聚力至关重要。一个集体组织能够获得成员的认可并形成集体行动的凝聚力，基础就在于不同的部分、不同的成员之间有沟通联系的公共活动。当时，村集体重视开展“民兵工作三落实”“以武促农、以农养武”的做法，切实有效地在各方面的工作中都激发出一股勇争第一、走在前列的精神，特别是有效地把组织纪律性和严格管理的精神做法融入生产管理，这是一种培育人力资本的有效手段。

一个村集体要有凝聚力，开展经常性的、有意义的活动是最有效的组织手段。这些组织化的、精干的强劳动力被动员起来投入在农业生产劳动第一线，成为农田基本建设的主力和排头兵，不但建设效果好，而且增强了整个大队的集体意识。农田改造的成功依赖于各生产队之间的紧密配合与协调，一旦形成强大的组织性凝聚力，集体的力量将成倍增长，发挥巨大的效能。战旗大队民兵连在农业生产劳动中挑重担、打头阵、练思想、练作风的事迹在全县甚至全省都出了名。当时，郫县在实施改造沱江河、清水河的水利工程中，最艰巨的任务都交给了战旗大队的民兵连。民兵连的出色建设对维护战旗大队的社会治安秩序起到了积极的作用。战旗民兵工作的卓越表现使其理所当然地成为军民共建活动的示范点，频繁与外界各类单位进行交流互动，这一过程中也为战旗大队后续兴办砖厂时从部队工厂引进先进制砖机械提供了联系渠道。另外，民兵工作也为科学种田和推广农业新技术打下了基础。战旗民兵连成立了科学种田试验研究小组，种上了样板田、种子田、试验田，参加小春的田间管理。单纯进行农田土地整治并不足以迅速提升农业的产量，还需结合科学种田、推广新品种新技术应用，以及积肥和科学施肥等多方面的综合措施。民兵组织在这些方面的积极推动，为农业生产发展奠定了坚实的基础。

四、同类做法

（一）河南省辉县市的土地经营权改革和宅基地改革

辉县市素有“豫北粮仓”之称，耕地面积88.26万亩。为应对日益严重的土地撂荒、无序的土地流转及农地非农化等突出问题，2021年起，该市坚持“试点先行、以点带面”的策略，积极探索以村集体为主导、土地流转为突破口的土地管理经营新模式，走出了一条以“地”为核心、四方共赢（农民增收、集体增收、大户增收、粮食安全）的现代农业经营之路。截至2023年7月，辉县市由村集体经济组织建成高标准农田71.31万亩，流转给新经营主体规模经营的土地40多万亩，占到了可规模化经营土地的56%。

辉县市土地改革是怎么做的？为什么能取得这样好的成效呢？

和全国其他不少地方的情况类似，辉县市人均土地1亩多且地块零碎，每家农户的承包地分大小不等、地力不同的七八块碎地，个体耕作的效益较低。

2021年以来，辉县市把深化土地改革作为实施乡村振兴战略的突破口，以农业乡镇峪河镇为试点，率先在全域推进以村集体经济组织为主导的土地经营权流转改革。他们遵循先整理后建设的思路，成功将碎片化的土地进行整合，整理出约3%的新增土地，扩大了种植面积，显著提高了土地集约利用率。这一举措不仅实现了农户、集体和种粮大户的“三增收、三满意”目标，而且还有效确保了粮食安全。

他们的做法如下：坚持土地集体所有制性质，以村集体经济组织为主导，遵循平等协商、依法、自愿、有偿的原则，确保在不改变土地用途且不损害利害关系人合法权益的前提下，引导村民将土地流转给村集体，随后由村集体组织统一对外发包，按每亩50元的标准向土地承包者收取管理费，用于基础设施和公共服务的维护与提升。同时，他们还尽量照顾农村老年农民珍视农业的情感，留一部分最好的土地给老年农民继续耕种，以传承小农家庭农业模式及传统农耕文化。2023年4月起，辉县市启动了乡镇级改革，以规模化、集约化的土地流转为重要抓手，以乡镇为单位组建村集体经济股份合作社联合社，旨在为各类农业生产经营主体统一提供产前、产中、产后的全方位服务，以确保农业生产顺利进行，实现增产增收。

通过将土地的经营权集中至村集体，基本避免了农户绕开村集体直接将承包地转包的行为，从而为现代农业的发展壮大奠定了坚实的基础。辉县市通过与北大荒农服集团、中国农科院农灌所及新乡国资集团的成功合作，显著提升了农业科技的支撑能力，基本形成了土地适度规模经营、高标准农田建设及高效节水灌溉相结合的“三合一”农业发展模式，从而加速了农业规模化、集约化、机械化、数字化的发展进程。

辉县市的土地经营权改革成效显著。土地和人员未发生显著变化，土地效益却实现倍增。目前，每亩粮食产量已增加至450斤以上，对保证国家粮食安全具有重要意义。土地租金从原先的400～600元/亩提升至800～900元/亩，有效保障了农民的经济利益。通过集约化经营，每1 000亩土地能为村集体带来超过12万元的收入增长，确保了集体经济的稳步增长。新型经营主体的生产经营效益也逐步提升，每亩土地实现了节支增收100元以上。

辉县市在土地经营权改革上的探索成效，鼓舞了广大干部和群众。他们表示，土地经营权改革是乡村振兴中“最适合自己脚的鞋”，土地经营权改革是乡村振兴的重要抓手和载体。

在深化农村改革的过程中，必须持续聚焦于处理好农民与土地关系这一核心议题，将强化集体所有制基础、确保农民集体成员权益的实现与激活资源要素相结合，实现统一发展，完善农村集体资源资产的权利分配和权能体系，确保广大农民在改革过程中能够分享到更多的发展成果。①

——习近平

在各地组织开展的解决承包地细碎化试点中，应坚持农村土地农民集体所有的原则，充分发挥农村集体经济组织在统筹协调、组织服务等方面的功能，确保收益的合理分配，妥善化解矛盾并有效防范经营风险。村集体应坚持农户家庭承包经营的基础性地位，切实尊重农民意愿，充分调动农民群众的积极性与主动性，将选择权赋予农民，同时加强示范引导，避免强行推动，确保不损害农民权益。村集体应坚持严格的耕地保护制度，确保土地用途不被改变，农业综合生产能力不受损害。②

——农业农村部《关于稳妥开展解决承包地细碎化试点工作的指导意见》

辉县市在土地经营权上进行了深度改革，早在2019年就从翼屯镇褚邱村开始启动农村宅基地改革，在取得显著成效后，该模式得到了全面推广。他们积极探索并建立了农村宅基地有偿使用、流转和退出的制度化机制，成功实现了集体土地的集约、节约和高效利用。他

① 《求是》杂志："习近平：加快建设农业强国 推进农业农村现代化"https://www.gov.cn/xinwen/2023-03/15/content_5746861.htm。

② 《农业农村部关于稳妥开展解决承包地细碎化试点工作的指导意见》(农政改发〔2023〕3号)https://www.moa.gov.cn/govpublic/zcggs/202307/t20230719_6432397.htm。

们的具体做法是：(1) 一户一宅，超标“有偿”使用。通过村两委干部会、党员会、村民代表大会等多种会议，确定宅基地标准、超标对象，以及面积、超标面积“有偿”使用标准及征收办法。例如，褚邱村通过收取有偿使用费 389 宗，退出 48 宗，为村集体增加年收入 25 万元。(2) 有效整合，住有所居。对全村宅基地应批未批、主动腾退的农户进行全面摸底排查和登记造册。腾退整理出的集体建设用地，可由村集体组织统一规划设计，节约宅基地面积，建设集中居住的住宅小区，以改善农户的住房条件。

在宅基地改革的基础上，辉县市委、市政府积极引导各个村集体积极稳妥地盘活利用农村闲置宅基地和农房，依法依规利用城乡建设用地增减挂钩、集体经营性建设用地入市等政策，为村民的建房和产业发展等提供土地要素保障。例如，前姚村通过拆除多年闲置的门面房和废弃加油站，成功整理出 5.11 亩集体经营性建设用地，经过市场竞标，最终以 174.49 万元的价格成交。此次交易使村集体体验到了土地自主整理，入市交易带来的“红利”。

辉县市的农村宅基地改革，为全国农村宅基地改革提供了示范：第一，农村宅基地改革应坚持巩固宅基地的集体所有性质，以进一步完善宅基地作为集体成员权益的“福利”属性作为基本原则。第二，宅基地改革要严格坚持一户一宅制度，必须清理和处置一户多宅等问题；第三，农村宅基地改革应以追求公平为目标，通过平衡账目实现公平分配，对超占宅基地的行为进行收费，对少占宅基地的村民给予补偿。第四，宅基地改革要以坚持村民及集体主体性及自主性为前提，确保集体作为宅基地所有者的主体地位和自主权力不受侵犯；第五，农村宅基地改革应以维护村民及集体利益为出发点，确保改革收益全部归集体所有并由村民共同享有。

2022 年 5 月起，辉县市着手于农村集体资产制度改革，并强力推进“三清三增”专项行动，旨在清理资产、解决矛盾、清除“村霸”现象，同时加强基层组织建设、提升乡村治理能力、增加村集体经济收入，从而为村集体增添更多的资产。该专项行动明确了荒地的所有权归村集体所有，并且规定村民私占的土地等集体资产需被收回。同时，对一批有失公允的经济合同进行了深度清理，核销了一批债权债务，成功盘活了一批闲置资产。据统计，全市共收回集体资产 59 笔 134.91 万元；收回集体资金 93 笔 166.81 万元；收回拖欠租金 622 笔 655.12 万元；收回集体土地 834 宗 2 747.3 亩。村集体对闲置宅基地、农村林地、荒地进行确权估值，较大幅度增加了集体收入。例如，高庄乡大史村收回了被个人占用的 764 亩河滩地，使得村集体增收 10 多万元，常村镇沿东村被 41 户商户侵占的 667 亩荒地经村集体收回所有权并规范合同，年增收租金 20 万元。

参考材料

1. 李昌平:《近距离探究辉县农村“第二次改革”》，https://www.dingxinwen.cn/detail/4700742。
2. 新乡频道:《辉县市峪河镇召开专题会议 深度推进土地流转工作》，http://xx.hnr.cn/xxjjzs/article/1/1643087438806708226。
3. 大河网:《新乡辉县市：做活土地文章 打响现代农业“转型战”》，https://www.360kuai.com/pc/910f550bd3c0d0d9c?cota=3&kuai_so=1&sign=360_57c3bbd1&refer_scene=so_1。
4. 新乡网:《加快土地流转 发展现代农业——辉县市峪河镇以村集体经济组织为主导的土地流转经验调查》，https://news.xxrb.com.cn/html/2022/xianqu_0419/304896.html。

(二) 江苏省阜宁县双桥村整合资源发展集体经济

双桥村位于阜宁县硕集社区西北，由原南谢村、王桥村两个自然村合并而成，地处S348省道沿线，交通便捷，土地总面积为4 800亩，其中耕地面积为3 600亩，有7个村民小组，总户数为786户，总人口为2 568人，党员有91人，有9名村组干部。该村的主要产业聚焦于高效农业和水产养殖的发展，村民的主要收入来源则以外出务工、经商为主，人数达1 500人。2022年，村民的人均纯收入达到2.86万元。

2019年起，在村党总支书记嵇海东的引领下，村“两委”积极作为，充分动员党员和群众，实施规范化的招标操作，成功实现了集体资源的整合，既提升了农民收入，又推动了集体经济的稳步发展。双桥村先后被评为“江苏省卫生村”“盐城市文明村”“阜宁县乡村振兴先进集体”，村党总支获得“阜宁县先进基层党组织”称号。

1. 整合宅基地资源变废为宝

2016年6月23日，阜宁县发生特大龙卷风冰雹灾害，双桥村是重灾区之一，村庄房屋基本全部受损。灾后重建时，阜宁县实施了农民宅基地有偿退出制度，给予每户农民2万元作为退出宅基地的补贴，退出来的宅基地名义上由村集体管理。尽管名义上集体已收回宅基地，但由于原宅基地分散且与农户的自留地、饲料地甚至承包地紧密相连，导致实际上难以统一经营管理，宅基地仍分散于各户。部分农户在宅基地上种植作物，象征性地支付100元作为承包金给集体；而部分农户则选择不种植，导致土地抛荒，野草横生，这不仅浪费了宝贵的土地资源，而且还影响了村容村貌。

2019年8月，村新任党总支班子履职后，面对土地资源因缺乏整理、开发而导致的效益低下问题，以及宅基地虽在集体名义下管理但集体收入增长有限的情况，深感焦虑。于是新任党总支班子先后组织召开村“两委”会、党员会、群众代表会，充分讨论后大家达成共识，只有集体将收回的宅基地和其旁边的自留地、饲料地、承包地统一整理开发，才能实现既提高土地产出效益，又增加集体收入的目的。

有了集体统一整理开发的目标，还需要找到具体的实现路径。由于农户每家的情况千差万别，有的愿意将自留地、饲料地等交由集体统一发包，有的打算自己种植。各家土地实际情况也错综复杂，有的包含饲料地，有的包含承包地，还有的包含了自己整理出来的边角地。为了最大限度地统一思想并减少工作阻力，村“两委”班子决定采取以下措施：一是尊重群众意愿，对愿意委托集体统一发包的农户，集体将确保以最低700元/亩的价格作为托底保障；二是对于仍希望自行种植的农户，其原宅基地范围内的土地将交由集体统一整理开发，由集体在安置点附近便于种植的区域协调等额土地供农户自行耕种；三是充分让利于民，土地面积全部重新据实丈量，如实际面积大于账面数额的以实际田亩数为准，如实际面积小于账面数额的以账面数为准，实现群众利益最大化；四是坚持公平公正，做到“一把尺子量到底”，成立专门由党员和群众代表组成的丈量组，统一进行丈量登记算账，由农户最终签字确认。此外，村“两委”还决定将原沟渠路整理出的土地及集体收回的宅基地纳入村集体，交由村集体统一规划利用。

由于前期已进行了充分的讨论，农户的思想较为统一且实施方案充分考量了农户利益及个别农户的特殊需求，因此整个丈量登记过程得以顺利进行。仅仅用了 16 天，就丈量登记了 502 户，共丈量土地 543 亩，其中农户饲料地承包地 376 亩，集体收回的宅基地 125 亩，沟渠路溢出归集体的土地 42 亩。

经过集体对所丈量的土地的统一整理和开发，成功形成了 414 亩的精养鱼塘和 129 亩的成块耕地。2019 年 11 月，通过在县农业资源交易平台上公开招标，全部顺利发包，最终成交价为每年每亩 900 元以上，远远高于向群众保证的 700 元底价。承包户于 2019 年 12 月开始种养，平均每户农户每年实现发包收入每亩 850 元，同时集体每年增加收入达 19.2 万元。

2. 小田并大田增加各方效益

双桥村普遍存在田块“碎片化”现象。在土地二轮承包过程中，由于考虑到土地的肥力、位置及类型（水旱田）等因素，一般农户每家承包的土地被划分为五六块至七八块不等的小块。传统农业时代，这种分散的田块布局虽然使得农户需要逐步逐块进行播种和收割，但客观上却适应了当时的生产现状。随着时代发展，农业生产基本实现了机械化，但由于地块分散，不便于大型农业机械作业，导致耕作效率不高。

同时，随着外出务工、经商人员的逐步增多，原来从事农业生产的劳动力逐渐老龄化。无法自己种植的农户，通常会选择将土地交给在家的邻居或亲戚代为耕种，并且象征性地支付一些粮食或每亩200～300元的流转金。然而，其他规模流转的土地，流转金普遍达800元，甚至更高。

双桥村村“两委”通过学习借鉴外地先进经验，认为将小块田地合并为大块田地是解决问题的有效途径。经过广泛宣传与动员，村“两委”决定于2022年夏天在二三四组相邻的区域内率先试点实施“小田并大田，一户一块田”的农业整合工作。在村“两委”的领导下，通过小组村民会议的广泛讨论，大家决定：其一组建由老党员和老干部构成的丈量小组，对试点区域内的每户实际土地进行统一丈量并全部据实登记；其二对于过去因修路修渠而占用的农户承包地，全部按照账面田亩数进行补偿；其三对于仍希望自行耕种的农户，村集体将划出专门的自耕区，允许他们自主选择组内最优质、最便捷的地块作为自耕区，以消除他们的顾虑，减少工作阻力；其四原沟渠路整理过程中产生的溢出土地归村集体所有。

村集体通过充分考虑种田农户的实际利益，成功吸引了外出农户的注意力，使得土地丈量过程开展得基本顺利，仅用 15 天便完成了土地丈量的工作。当时，共有 15 户农民提出自耕申请，村集体在优质地段划定了 92 亩土地作为自耕区，确保耕地面积不变，将多块土地合并成一块，每户农民仅耕种一块土地。这种方法旨在方便管理、节约成本，为自耕农户提供稳定的种植环境。其余 216 户农民的土地 531 亩，加上溢出归村集体的土地 45 亩，共 576 亩土地通过县农业资源交易平台公开招标，最终成交价为每亩土地每年 1 280 元承包金，这一价格远高于周边一般田块，充分体现了大田块规模化经营所带来的经济效益。仅这一项举措就实现土地流转收入 67.96 万元，村集体实现集体土地流转收入 5.5 万元，增加土地流转管理费 4 万元，壮大了村集体经济。

3. 公开竞标实现集体资产身价倍增

双桥村积极推行村级事务的民主决策和民主管理，无论是对大块土地的发包，还是对小型集体资产资源的发包，双桥村均严格遵循并落实“三重一大”和“四议一审两公开”的工作制度。同时，双桥村充分利用村微信群、公示栏等多种渠道公开发布招标信息，确保在省农村产权交易平台进行公开招标，坚决杜绝暗箱操作，从而保障了村务的透明度、广泛性和规范化。

原村内三乡河堆堤的承包金仅为每年 1 万元。然而，在 2023 年原承包人终止承包后，村里重新在省农村产权交易平台进行了公开招标，最终成交价提升至每年 4.4 万元，使村集体在这一项上每年多收入 3.4 万元。还有如集体超市、浴室租金由每年 6 万元增加到现在的每年 9.3 万元；农贸市场由每年 1 万元增加到现在的每年 2.6 万元；原先闲置的 2016 年风灾安置点，共计 11 亩建设用地，现已被分块发包给相关经营户作为仓库使用，每年交付村集体承包款共计 1.8 万元。目前，通过各方努力，村集体收入预计每年达到 75 万元以上。

双桥村作为农业村，充分挖掘集体资源，通过整合开发、公开竞标，走出了一条既增加农户收入，又增加集体收入的路子。其主要做法包括：第一，构建一个风清气正的“两委”领导班子，该团队具有强烈的开拓进取精神和为民服务意识；第二，坚持走群众路线，确保所有工作方案均经党员、村民代表会议的充分讨论和决策。同时，坚持问计于民、问需于民，广泛听取党员和群众的意见和建议。在实施过程中，由老党员、老干部组成的工作组负责执行，村组干部提供必要的支持和协助，以解决具体矛盾；第三，从群众的角度出发，避免与民争利，积极寻求增加效益的途径，从而在确保农户利益的同时，增加集体收入；第四，充分考虑个别农户的个性需求，在宅基地整合和小田并大田等工作中，为自耕农户提供周详的考虑和安排，确保他们的利益得到保障，从而让他们感到安心；第五，公正公开地推进各项工作，确保所有工作方案和最终土地发包分户账目都能公示于众，让村民能够充分了解并自觉接受监督。

参考材料

本案例是江苏省阜宁县司法局刘为青局长、曹兵主任和硕集双桥村党总支书记嵇海东根据在工作中对双桥村发展的了解专门为本书所作。

五、邀你共议

1. 战旗村在20世纪60年代到80年代中并没有国家财政或外界资本支持，其他自然条件也并不具备特殊优势，农业生产和乡镇企业为什么能够发展？这段时间也是战旗村人口大量增加的时期，为什么战旗村还能够积累出原始发展资本？战旗村经济发展的原始资本积累是怎么形成的？

2. 20世纪70年代战旗村进行集中居住建设，这样的消费反而推动乡镇企业的发展。农村集体经济发展是否应该以经济发展为主要目标？为什么一开始以满足本地农民生活需求的产品生产会在社会上供不应求？那时社会上的市场供求环境与现在有什么不一样的地方？

3. 民兵组织的工作在战旗大队的土地整治、农业发展和企业发展中起到什么作用？当今发展集体经济，有哪些手段可以用来培养和增强村庄的集体凝聚力？市场经济条件下，是否还需要培育集体主义精神和观念？

4. 一个村庄获得发展，脱颖而出后，会被树立为典型，政府也会有意宣传和给予支持，同时也要求它们不断地更上一层楼，于是人们往往会以为这个村庄是靠外界力量支撑发展起来的，不是所有其他村庄都可以学的。你是怎么看待这个问题的?

5. 对比战旗村 20 世纪 60—70 年代的土地整治与现在河南省辉县市和江苏省阜宁县双桥村的农地集中整治，哪些方面是共同的？哪些方面有所不同？在现在农村的社会经济环境背景下，还能从农业剩余中积累起非农产业发展的资本吗？现代条件下又有哪些方法是过去不具备的，可以用来发展集体经济？

第二章

土地资源的经营主导权如何走向再集中

一、背景导入

在经历了集体化时代的集体劳动、集体经营的探索之后，以家庭承包经营为基础的双层经营体制成为村庄土地经营的基本方式。然而，在多数地区，随着分户经营的推行，集体的统一经营逐渐失去了其原有的作用空间。农地的家庭经营虽然提高了农业产出，但是在增加农民收入上没有太大助益。家庭经营导致地块分散，进而对土地资源的整体性造成了破坏。在失去对土地资源的控制权后，集体经济组织缺乏了发展集体经济所必需的基本资源依托。在这样的局面下，该怎样发展集体经济？从哪里入手，使得集体经济有用武之地？改革开放后，战旗村的发展首先遇到了这一问题。

对于如何在家庭联产承包责任制之下合理利用村庄土地，是一项综合性工作，或者说是可以将村庄很多工作串联在一起的工作领域，乡村基层干部迫切需要提升这方面的能力。但当下还没有哪一门学问能够全面回答村庄土地利用这一领域的诸多问题，还没有哪一次培训可以将这些方面所需要的理念、政策和能力全部传授。甚至可以说，尚未有人能够在此领域对各种不同情况完全融会贯通，仅凭其一番话便使人在短时间内显著提升能力。但是，东方不亮西方亮，中国农村发展实践的奇妙之处在于，现实中已经有相当一部分的村庄在土地利用方面成绩卓然，并且借此之举走上可持续发展之路。这些村庄的历史和地域背景差异显著，发展起点各不相同，成功路径也各具特色。尽管难以提供一个普适性的解决方案，但我们仍可以对每个案例的发展历程进行深入剖析，以期不同的人能够从中获得不同的启示，逐步总结出这些实践探索的共同特征。我们有必要老老实实地了解成功者所走过的坎坷和坦途，思考总结经验。

战旗村对于如何合理利用土地以重新振兴村庄的问题，提出了以下策略：从农地经营权管理的集中化入手，逐步推动各类土地资源的经营权集中，并且确保这一过程与产业发展和村庄治理形成良性互动，从而为农村集体经济的再次壮大奠定坚实的制度基础。

二、战旗实践

（一）“农地经营必须走向集中和规模化经营”共识的形成

1. 农地承包经营后探索如何提高农地产出效益

战旗村从1982年开始实行家庭联产承包责任制。1998年，第一轮承包到期，同年年底，战旗村进行了第二轮土地承包工作。第二轮土地承包严格按照“大稳定、小调整”和“明确所有权、稳定承包权、放活使用权”的原则，将承包期延长到了30年。其间，战旗村曾面临农业生产效益的下滑，农民因外出务工、经商而降低了种田的积极性，部分土地因此流转给其他农户种植，甚至出现了少量农地撂荒的现象。

20世纪90年代，成都市的农村经济发展开始全面向市场经济转轨，出现了“公司+农户”和“村—企—农”（即农户将土地流转给村委会，村委会负责土地经营规划和招商，农业企业或种植大户进行租赁经营）等经营形式。同时，部分村庄开始探索农村“双层经营体制”的发展路径，进而推动了农村土地适度规模经营与土地流转机制的逐步发展。土地经营方式开始发生实质性的变化。

新的农业产业的引入是推动土地经营方式变革的重要力量。1995

年前后，时任战旗村党支部书记的高玉春在外出期间，发现涪陵榨菜卖得很好，种植榨菜的农民收入增加不少。高玉春经过深入调查了解到，涪陵榨菜销售成功的原因在于当地经营主体采用了“公司＋农户”的产销一体化模式，即农户种植榨菜，收成后直接按照订单协议卖给榨菜加工公司，这种模式既节省了中间交易环节的成本，又保证了产品的品质。

高玉春在从重庆返回战旗村之前，特意自己花钱买了一些榨菜种子，回到战旗村后他免费把种子送给愿意种植的农户播种，并且承诺他将负责按照市场价格收购种植的榨菜。榨菜的种植周期较短，恰好可以填补水稻收割与油菜种植之间的时间空当，有效利用了农户在此期间的闲置土地。当时，种植榨菜的农户平均每户增加了 800 元的收入，第二年种植榨菜的农户就更多了。随后，战旗村的豆瓣厂负责收购榨菜，并且进行加工和销售，从而形成了“公司＋农户”的产销一体化农业生产模式。战旗村的这种生产模式对周边村庄产生了积极影响，促使他们也开始采用类似的生产方式以实现增收致富。如今，战旗村致力于发展农业观光和农业旅游，榨菜种植面积有所减少，但周边村庄每年仍保持着上万亩地的榨菜种植面积。

自农户实行土地家庭联产承包责任制以来，战旗村一直存在农户间流转土地种植蔬菜的情况，这主要源于村民的自发行为，流转面积相对较小。当种植大户、农业合作社或农业公司所采取的规模化和专业化农业生产方式的经济效益显著超越家庭经营时，农户倾向于将农地流转给这些新型农业生产主体进行经营，从而获得土地租金并寻求劳动力就业机会。2002 年，李世立和高德敏分别担任村“两委”新班子的书记和主任后，他们在抓集体企业转制工作的同时，也把农地的流转和集中经营当成村集体的主要工作内容之一。

在农地重新集中的过程中，战旗村采用了“村—企—农”经营模式，但并未直接依赖某个集体企业来协助农业经营活动或销售组织，而是用村集体建立农业专业合作社的方式来管理经营重新集中的农地，逐步形成了本书分析的战旗村集体经济组织的两大支撑性经营机制之一。

2. 村集体帮扶农户的承包经营

值得一提的是，战旗村在实行农地家庭承包制后，农业生产活动主要由农户自主经营。然而，村集体并未完全将农业生产责任转嫁给农户，而是在专注于推动非农企业发展的同时，通过以工补农、以工促农的策略，对农业生产进行支持和帮扶。

第一，战旗村采取了以工业反哺农业的策略，由村集体抽取部分资金用于支持农业发展。村集体每年抽出 2 万元补助修沟渠、大春杂交稻育秧，聘省、市、县农技专家和教授来村教授农业生产知识和技术，推广农业新品种和新技术。1994 年，村集体投入超过 4 000 元购买了数千株漳州柚树苗，分发给农户种植，从而建立了近百亩以漳州柚为主要品种的林果花草基地。1994 年至 1996 年的 3 年间，村集体为农户提供了 2.1 万元的补贴，用于购买联合收割机，从而显著改善了农民的收割条件。1996 年，村集体投资了 5.3 万元用于修建村中心区的三面光斗渠，总长度近 1 000 米。1999 年，为了推广抛秧技术，村集体再次出资 2 000 元购买了育秧发芽机和插秧盘。

第二，通过工业带动农业，积极为农产品寻找市场出路，以推动农业产业结构的优化调整。1990 年，村集体企业先锋酿造厂引进榨菜种子并分发给农户进行种植，企业承诺以保护价收购榨菜，此举使农民获得了实际利益，从而极大地提高了他们种植榨菜的积极性。1999 年，先锋酿造厂与 420 户农户签订了榨菜收购合同，承诺以每公斤 0.30 元的保护价进行收购。这一举措，促使全村种植榨菜的面积达到 1 200 亩，占全村耕地面积的 2/3。

因此，战旗村在发展集体经济的过程中学会了如何从更好地利用土地资源、保障全村劳动力就业和提高农民收入的全局视角来看待农业发展与非农业发展之间的辩证关系。

3. 学习先进村经验以更好地经营农地

从战旗村成立开始，村集体班子就保持了一个好传统，就是要经常外出参观、学习全国其他地方先进村的发展经验，实地与当地村民交谈了解情况。

2003 年 8 月，战旗村的集体企业经过了一年的改制实践，初步取得良好的经济成效。为了促进村集体经济的进一步发展，李世立和高德敏前往新时期全国先进集体经济示范村——华西村、南街村和刘庄村，进行了为期一周的参观学习，以汲取先进经验。华西村以农副业起家，完成农业村工业化的转型后又转向注重产业多元发展和村庄综合发展，在这个过程中形成了比较强的集体经济。当时，战旗村干部考察学习的侧重点聚焦在新的发展阶段应当如何重建新型集体经济。

参观考察回来以后，李世立和高德敏两人经过多次讨论后得出了这样一个结论：从全国的典型样板村来看，凡是村级集体经济实力强的，一般都没有分户经营土地，而是将土地资源经过整合后由村集体实行规模化统一管理经营。这样做的结果能够使集体经济得到发展，集体组织的优越性得以充分体现。

村"两委"坚持群策群力，专门召集全体村干部开会讨论，征求村民们的意见。战旗村村民高度关注先进样板村的发展状况及不同实践做法的成效对比，在讨论会上，大家积极发表对于是否应大胆引进农地集中经营模式的个人见解。会议上李世立提出自己的看法："华西村在包产到户之前，集体经济已经初具规模，包产到户会对其经济发展有损，所以一直推行集体经济。南街村在 1981 年推行承包到户，1984 年又把土地收上来办企业，私自办企业的村民会被驱逐出村。这两个村的集体经济都发展得很好。据了解，安徽省凤阳县的小岗村虽然在实行家庭联产承包责任制后调动了农民的生产积极性，增加了粮食产量，但在谋求村庄整体发展建设方面受到了一定的限制。”

战旗村的村干部能够分析出自身的位置和发展趋势的要求，不是机械地跟随流行的做法，而是要寻找出适合自身情况的发展道路，敢于创新，敢于探索。李世立在回忆当年考察归来后，提及了那次开会讨论中引发的热议：“事实上，即便大家回到了村里，这个话题依然是我们热议的焦点，各种不同的意见被摆上台面进行交流讨论。要知道，2003 年时，国家层面还没像现在这样鼓励农户进行土地流转经营。你想把已经包产到户分下去的土地重新集中起来，既是破了现行政策界限，又没有实践经验，是个大胆得有点冒险的做法。大家对此产生不同意见当然是难免的。”

经过交流和讨论，大家的意见渐渐趋向一致，他们认为战旗村要学习华西村和南街村的做法，推行土地经营权的集中，探索一条适合战旗村自己情况的集体经济发展之路。土地集中是其中最重要的改革举措之一，后来战旗村集体成立农业合作社逐步从农户所承包的土地流转到由村集体经济组织统一农地经营管理的经营模式，也是新的改革举措。

在后续的访谈中，李世立指出："战旗人始终坚信集体的力量，这已经成为根深蒂固的传统。事实上，在当初推行包产到户政策时，村里的许多干部和农户持有不同意见，认为不应轻易地将土地分散经营，并且向上级请求在我们村推迟实施该政策。因此，当前干部们提出实施土地集中管理和经营的方案时，村民们普遍表示支持。我们村就有了这个民意基础。"

当时，成都市率先于全国其他地区开展城乡统筹的制度探索，致力于推动土地向规模经营集中。2003 年，成都市开始实施"统筹城乡经济社会发展、推进城乡一体化"的战略，积极探索以城带乡、以工促农、城乡互动、协调发展的有效途径。2003 年年初，新一届成都市委、市政府在总结双流区"三个集中"（工业向园区集中、农民向城镇集中、土地向规模经营集中）的实践经验基础上，决定在全市范围内推行以"三个集中"为核心的"城乡一体化"改革。战旗村的领导班子当然会密切关注这些新的发展趋势并考虑如何顺应它。

上述关于战旗村自 2003 年起探索农地经营的方式，特别是农地重新集中到村集体的背景介绍，对我们深入理解战旗村如何将农地的经营管理权逐步重新集中于村集体并构建新的农业经营制度，具有重要意义。战旗村的领导团队从村庄发展的历程中深刻认识到，村庄的农业发展与非农业发展在多个方面高度相互关联，不可分割，并且与农户的社会生活密切相关。土地制度的安排在其中是最为根本的，任何其他产业活动都要建立在土地制度关系的基础之上才能行稳致远。

4. 干群充分讨论确立土地集中共识

战旗村集体班子在工作作风上有一个良好的传统，那就是在村集体提出涉及全村人利益的重大行动方案设想后，要先与广大村民商量与沟通，要做好思想工作，先获得他们的认可，再通过民主参与和民主投票表决。村集体先召开了村“两委”会议，讨论战旗村未来适合走什么样的发展道路；随后又召开全村党员代表大会，对实施方案进行充分讨论；随后召开队长（组长）会议、队（组）内会议及村民代表大会，号召村、队（组）干部、党员起带头作用，了解村民意向并确定方案如何落实；最后由各队长（组长）具体负责对本队（组）成员的动员工作，通过召开会议了解每户的实际情况。在动员大会上，村干部向村民播放了华西村、南街村的视频资料，详细阐述了这些村庄如何通过集中的土地资源发展集体经济，带来生活水平的提升，展示了他们与城市居民大体相同的居住条件。通过广泛宣传与动员，村民统一了思想，强化了“农业要发展，就必须实行规模经营”的理念。

这样的讨论在一定程度上唤醒了战旗村村民对集体时期的记忆。自战旗村独立成村以来，先后八位村党组织书记始终坚守并践行集体化道路的发展理念。在抓民兵工作时期，战旗大队就被确立为先进、树立为标杆，集体意识在村民中逐渐形成并不断加强。1982 年将土地承包给个人后，村办企业仍旧掌握在村集体手中。“集中力量办大事”的集体意识深深植根于战旗村每位村民的心中，尤其是老一辈的村民心中。也正因为有这样的历史传承，村民对集体有更强的信任感，对于土地集中经营的接受度也就更高。经过对比和深入讨论，村民们进一步确认了“无农不稳、无工不富、无商不活”的经济发展原则。未来战旗村在产业发展的方向初步确立“大力发展一产，努力提高二产，规划培育三产，走一二三产融合的农业观光旅游特色道路”，而且土地经营的集中统筹，新型社区的建设，都将围绕这个发展方向来推进。当时的土地政策在土地经营使用方向上，尚未对工业和环保领域提出严格的限制性要求。战旗村意识到要发展工业就要在现有的土地开发利用和用途调整上进行统一集中安排，而且也要考虑工业生产就业和农业生产就业之间的冲突。农业生产必须走规模化经营的道路，提高机械化水平和科技水平，以实现农地的集中经营和农户的集中居住，这是农业发展的必然要求。这势必要求由村集体统一调整配置不同用途的土地，也要求农业生产实行适度的规模化经营。

村庄要开办新厂或扩建旧厂需要土地资源，而当时的土地存量基本已经被充分利用，只能通过集中土地来进一步获取可以开发利用的土地资源。因此，新一届村“两委”领导班子就必须考虑土地利用要突破各小组之间的限制，在全村范围内集中土地。这体现了新一届村“两委”领导班子对土地利用的深思熟虑和全面考量。对村民来说，土地集中符合其对家庭内部经济利益的考量。随着村民在村内企业和村外企业就业比例的增加，村民对土地的依赖性逐渐降低，部分村民开始觉得种地不如务工划算，不愿意继续种地，鉴于当时农民种地还需要缴纳农业税费，部分农户选择将自家的土地交由他人耕种。2000年，战旗村务工人员数量增多，全村 1 600 多名劳动力中有 400 多人务工，其中大多数人在村内的企业上班。由此可见，战旗村有了在产业发展上稳定转型向二三产业发展的迫切要求。战旗村要让农地逐渐集中于村集体，实现农业的规模化经营，要实现集中居住和一二三产的全面发展，需要在土地利用的规划和落实安排上走统分结合的道路，发挥集体的力量。

接下来，战旗村在土地集中、居住集中、土地利用与产业发展方面的发展理念和做法上基本上是按照这一谋划逐步实现的，让战旗村在产业发展与集体组织制度和运行机制上产生了实质性的飞跃。

战旗村可贵的地方就在于有一个好的集体领导班子，班子带头人用实事求是的精神、亲身实践获得的感受，结合当时国家发展的大趋势去寻找适合自己的发展道路，并且坚持在重大问题上要反复与各组组长和村民进行充分沟通这一做法，获得大多数人的认可后才加以推行。

（二）在村集体引导下土地逐步加速集中

村民思想认识大方向统一了，但要怎么通过具体的步骤安排落实，还必须依据实际情况和政策背景，待条件成熟后推出。战旗村“两委”决定先从农地的小规模集中试点入手，逐渐扩大规模，最后实现全村所有土地开发利用和统一经营管理。

1. 2003 年在 2 个小组内试点农地集中的做法

2003 年，李世立和高德敏外出参观学习回来后，组织全村干部和群众讨论，形成了战旗村未来发展方向的共识。战旗村村民普遍认为，未来战旗村应实施农地由村集体统一集中管理，以实现规模化经营；同时，村办工业企业应实现园区化集中发展，居住也应向社区化方向集中。这一发展理念与成都市政府提出的“三个集中”政策导向高度契合。取得共识后，村“两委”就开始从农地的集中方面进行试点的探索，并且提出了试点方案的设想。

当时的设想是，每个小组中的农户按每人 3 分的农地份额将土地集中起来，交由村集体统一经营管理。村集体将不再直接向农户收取农业税费，而是利用从集中农地经营中获得的收入来代农户缴纳农业税。此后，村集体计划逐步将各小组集中的农地进一步整合，形成工业区，以推动工业企业的发展。在将农地交给村集体后，各小组将根据扣除上交土地的面积，在剩余土地中重新进行平均分配，确保每个农户的权益得到保障。

从村内来看，推动土地集中经营有两大具体动因。第一，土地集中经营后，由村集体代缴农业税，这一举措对村集体和农户双方均具有显著的益处。当时，村干部有一个很重要的工作就是催缴“公粮”，这项工作占据了村干部很大一部分的时间和精力。土地集中经营以后由村上代缴农业税的做法可以让村干部从这项繁重的工作中解脱出来，并且试行利于提高农业生产的适度规模化种植。对村民而言，可以减轻土地耕种负担也有利于转向更高收入的非农就业。第二，土地集中经营有助于推动村办企业的发展或吸引外来企业的入驻，进而促进产业结构和就业结构的转型升级，实现非农产业的稳定发展，以替代传统的农业模式。

由于川西林盘土地分布和人居环境与应对人口变动的特点，战旗村的家庭联产承包责任制的做法是，各小组每年在 9 月 25 日前根据当时的情况做承包地的小调整。因此，若小组内的农户无法达成对试点方案的全体同意，则试点方案将无法继续实施。由于方案提出的时间已经是当年的 8 月份，要求所有的农户全部同意参加试点方案的准备工作必然太仓促，9 个小组中只有第 5 组、第 7 组和第 9 组 3 个小组表示愿意参加。随后，由于第 9 组中某农户的工作未能及时完成，最终仅有第 5 组和第 7 组参与了试点活动。在实际实行试点的工作时，并不是按照每人拿出 3 分地的设想集中土地，而是每个小组拿出大约 50 亩质量最差的土地交给村集体。这样，原来打算全村各小组都开展的拿出一部分土地流转给村集体经营的活动，演变成一项“试点”性质的探索尝试。

村民委员会主任高德敏在他家所在的第 5 组中积极动员，第 7 组和第 9 组也积极行动。尽管村党支部书记李世立在他家所在的第 6 组内大力推动，但因组内农户之间的矛盾，最终没能够动员成功。

动员工作需要讲究方式方法。有些农户因为种种原因占有了较多的土地，重新调整土地会涉及他们的利益，往往不愿意参加。时任第 5 组组长的廖代建详细阐述了这次土地集中的具体过程。村集体在召开组长会议后，廖代建组织第 5 组村民开会，选出了 2～3 个村民代表，由村组长和村民代表再开会讨论本组每户的具体情况、可能遇到的问题及相应的解决方案。动员工作首先从村民代表、村干部、党员及其亲朋好友开始，以院落为单位，进行挨家挨户的动员。第 5 组当时有 49 户，共 200 多人。在村民代表、村干部的带动下，有过半农户（29 户）签字同意。有 10 个农户在初期持观望态度，但见到大多数农户签字后，也相继同意签字。在剩余的 10 个农户中，部分较为固执的农户仍存顾虑，动员人员便根据每户的具体情况，逐一进行沟通和解释，以消除他们的疑虑。针对个别因占地较多而不愿参与土地集中的村民，村集体要求其出示土地承包证，并且与其进行深入的沟通，明确其实际占有的土地面积超过土地承包证上所载明的面积，超出部分应归还村集体且村集体有权要求其支付相应的占地费用。通过以上努力，土地集中最终获得了第 5 组全体村民的同意。

当时第 5 组共有 210 余人，人均拥有约 1.3 亩田地，加上边角地带，总计土地面积接近 300 亩。经村民同意，重新测量土地面积（包括田坎）并评估土地的肥沃程度，最终划出了约 50 亩最贫瘠的土地，交由村集体流转经营（相当于每人拿出 0.21 亩地流转给村集体）。第 7 组约有 180 人，拥有约 200 亩土地，其中也集中了约 50 亩土地。两组中的其余土地则不考虑土地承包证上的土地数和原来实际占有的面积，而按当时实际人口数重新平均分配，之前未得到土地的新生儿、新嫁妇都可以分得土地。

在重新分配土地的过程中，村集体与村民之间并未产生显著矛盾，这主要得益于村集体形成的相对公平的内部化机制，该机制有效实现了多方面利益的综合平衡，确保了原本可能引发一系列矛盾的重新调整土地工作得以顺利进行。首先，分配土地时综合考虑土壤肥沃程度、地块大小、离宅基地远近等因素，将土地分为两个等级，每户都能分到不同等级的土地。同时，尽可能保障新分土地为原承包土地，优先给每户分配邻近宅基地的土地。若有两户看中同一地块，则采取抓阄的形式，整个过程要公正、公开。另外，土地重新分配是以院落为单位进行的，先以院落为单位，后在院落内以户为单位重新分配土地。在熟人社会中，村民的个人利益受到亲邻关系和道德约束的影响。因此，在土地重新分配的过程中，村民不再仅仅追求自家的狭隘私利，而是在院落内部（基于亲戚与近邻之间的密切关系），综合考虑土质、地块大小、离宅基地远近等因素，进行利益的平衡调整。

在整个土地重新调配的过程中，村集体负责引导，积极支持和配合小组长完成土地集中的工作并为农田改造、道路修建、深沟挖掘等提供必要的资金支持。例如，两个小组各自集中了约 50 亩土地后，利用冬季降水较少的时机，村里主动进行了农田改造、道路修建和深沟挖掘的工作。除了对集中的土地进行土壤改良外，还进行了道路、沟渠等基础设施的建设，包括在原有道路上铺设了 2～3 千米的柏油路面，花费了数万元（主要用于材料采购）。村民可自愿参与相关工作，村集体主要补贴人工费用，每人每天 10 元。这些经费都是从村集体的账户中支出的。

有些农户担心土地交给村集体经营会导致村干部从中获取收益，于是村集体采取把农地流转给愿意从事农业生产的种植大户的方式，让种植大户进行生产经营，还制定了详细的资金使用管理办法。

第5组集中的约50亩土地被村内的农业种植大户杨勇流转承包，第一年的流转租金为380元/亩。第7组集中的约50亩土地承包给了邻镇的种植大户李永昌，因为这块地先由村集体花费了一两万元进行土地修整、挖沟排水等工作，所以租金略高，为每年480元/亩。第5组和第7组集中的土地，第二年的租金都上调到了每年500～600元/亩。

村集体恪守承诺，利用从杨勇和李永昌处收取的土地租金，为第5组和第7组的全体农户代缴农业税。以380元/亩或480元/亩的价格将土地流转出去而获得的收入，除去农业税和其他管理成本，中间盈余部分作为该组的收入，由村集体代为管理，除了为农民代缴农业税外，村集体还负责为组内农户缴纳独生子女费等费用。第二年，随着对外流转土地租金的上涨，盈余也相应增加。2006年，郫县人民政府宣布全面取消农民负担的农业税和农业税附加，因此，这两块地流转所获得的租金将分别全部留在第5组和第7组内，按照人头平均分配。

虽然2003年的农地集中试点只在2个小组内进行，村集体从这次试点中获得了土地流转的宝贵经验。例如，村集体需要预先制定农业经营的操作方案，以消除农户对村干部可能从经营中获利的疑虑。此后，在更大规模的农地集中行动中采用成立村集体的农业合作社统一流转土地，以“保底租金+50%分红”的方式流转农户的农地承包经营权模式就是总结当时2个小组前期试点经验的应用。而如何在农户土地上重新调整平衡各方利益的做法也为后续的土地全面集中提供了经验；农户对村集体的信任感进一步加深，这源于村集体在农地集中过程中坚持的承诺，即不与农户争利，并且积极投入资金进行必要的基础设施建设。可以说，2个小组的前期试点经验为后续的大规模土地集中提供了非常有益的经验借鉴。

2. 2006年，在若干小组试点农地规模化集中

2003年试点了土地集中后，村集体原本打算第二年继续在其他组推广，但战旗村接下来几年内并没有继续做推广。一直到2005年准备在更多的小组内实行更大规模的土地集中行动时，集体流转的农地面积都没有大的变化。不过，村内农户之间的相互流转和外来租地的流转面积保持着增长，而且农地流转的租金不断在提高。

2003年进行的土地集中试点的实际效果和影响需要一定的时间才能完全看见。村集体发现最大的问题是小规模的土地集中很难通过

土地调整向设想的工业园区地域不断集中，需要探讨新的土地集中方法。

2005年前后，成都陆续推出探索城乡统筹发展的一系列政策，为战旗村进一步推动土地集中提供了契机。首先，2005年7月8日，郫县县政府颁发了《郫县征地拆迁补偿安置暂行办法》和《郫县征地拆迁补偿安置暂行办法及实施细则》，同年7月19日发布了《关于开展农村“拆院并院”试点工作的意见》，8月4日发布了《关于统筹推进农民向城镇集中的意见》，继续推进“三个集中”工作。唐昌镇政府发布了《关于推进城乡一体化工作实施意见》，明确指出，将致力于以战旗村为核心的农民新村建设规划工作。大力发展农业专业合作经济组织，最大限度地将单家独户的农户组织起来，力争3年内将“支部+协会+农户”的模式覆盖全镇27个村；该文件还强调了推动土地向龙头企业和优势项目集中的重要性，旨在大力发展现代农业和规模农业，从而进一步提升农业竞争力。在现有的蔬菜种植基地、花卉种植基地、优质稻种植基地、榨菜种植基地的基础上，力争到2005年建立3～5个优质无公害农产品基地，带动农户发展优质无公害蔬菜种植。

另外，成都市推进土地适度规模经营的制度探索和鼓励政策也在逐步完善。主要措施包括，以稳定农村家庭承包经营制度为基础，遵循依法、自愿、有偿的原则，通过转包、租赁、入股等方式，逐步引导土地向农业龙头企业、农村新型集体经济组织、农民专业合作经济组织和种植大户集中，以实现土地的规模化、集约化经营。通过推动工业向集中发展区集聚，利用工业化的发展带动城镇和第三产业的繁荣，为农民提供转移就业的条件；通过引导农民向城镇集中居住区集聚，增强人口的聚集效应和创造商业机会，进一步推动产业和城镇的发展，同时也为土地规模经营创造有利条件；通过土地向规模经营集中，转变农业生产方式，发展现代农业；加强农村土地的整理工作，充分利用城乡土地级差收益和占补平衡政策，有效筹集农村建设所需资金。

战旗村村干部认真学习研究这些文件，同时结合本村的具体情况，请来成都市村镇设计院的设计师帮忙制定村庄整体规划，有意将全村的农用地、宅基地、经营性建设用地重新配置，为实现进一步的土地规模经营和集中居住做准备。战旗村集体自己拿出预算的 9 万元，作为规划设计方案的活动经费。然而，截至 2006 年，规划设计方案仅完成了一部分，实际投入资金为 5 万元。可见，从这一阶段开始，战旗村已经考虑在全村范围内进行空间规划，在考虑和准备引入农业公司进行农地的规模化经营的同时，也准备在条件和时机成熟时进一步开展农民的居住集中。农地集中、住宅集中及产业调整的规划被纳入村集体的统筹规划中，同时，为确保整体规划的顺利实施，在土地集中进程中预留了相应的调整空间。只在少数（1～2 个）小组内做规模有限的农地集中显然已经不能满足战旗村的发展要求了。

战旗村农户的土地流转速度在这一阶段也明显加快。2005—2006 年，来战旗村流转土地的村外人员逐渐增多，主要是开展规模化蔬菜和花卉苗木的种植，土地流转租金比前些年有明显提高。种植蔬菜的流转租金一般每年是 600 元/亩，种植花卉苗木的流转金每年最高可达 780 元/亩。

为了实现大规模的农地流转，只靠寻找少数种植大户的方式显然无法满足流转后的土地经营管理要求，因此村集体有了成立土地股份合作社的想法。村集体计划通过成立合作社，打破土地以村民组为界限的限制，从而在更广泛的区域内推动土地规模经营，为集中居住创造有利条件。此外，合作社还可以申请政府的补贴，用于改善农业生产条件、完善村内基础设施并提升土地租金，从而推动土地的进一步整理和优化。在企业改制后，2003—2006 年，村集体的现金年收入增加到了 500 万～600 万元，这也为启动和注册成立合作社、完善村庄规划提供了资金支持。

2006 年下半年，村集体计划成立土地股份合作社，并且拟定了章程、土地作价方式等。然而，鉴于当时政策限制土地合作社的成立，该计划未能实施。因此，村集体没有急剧加速土地流转，而是仅打算对第 2 组、第 3 组、第 4 组、第 8 组共计 500 亩的农地进行集中管理。这部分的农地自然连片，而且地块中院落少、地势高，区位、土质等各方面条件较好，土地治理改造的成本相对较小，容易在条件成熟时用于居住集中或规模化流转给引进的农业公司。

这次的土地集中过程相较于 2003 年的试点要顺利得多。村集体从 2006 年上半年就开始做村民的动员工作，由于不同村民的利益诉求不同，村集体在土地集中的过程中也必须处理不同村民交易成本不同的难题，针对不同村民采取的动员措施也必然不同。当时，确实存在部分村民对土地流转持抵触态度。针对这部分村民，村集体尽量进行土地重新调配，旨在平衡他们的个人利益与土地流转的连片性。当然，如果村民实在不愿意调整土地也不必勉强，他们仍然可以耕种自己的土地。当村民想自己种地时，随时可以退出，集体会尊重村民的意愿并予以回应，而不是采取强硬的手段。

这种旨在维护农户土地承包经营权的工作方法，有效减轻了村民将土地流转给集体合作社的顾虑，增强了农民将土地交出的意愿。然而，仍有部分农户存在疑虑，村干部便耐心地开展思想工作，以消除他们的顾虑。由于 2003 年在第 5 组和第 7 组做小规模农地集中试点工作的结果大家有目共睹，村民增强了对村集体的信任，这次的土地进一步集中工作的开展就顺利得多了。2003 年土地集中后，村集体对土地进行改造，土质变好了，耕作成本降低了，土地收益增加了，村集体信守承诺，代缴了第 5 组和第 7 组村民的农业税之后有所盈余的部分全部归还给了农户。这些实实在在的好处都进一步强化了村民对村集体的信任和对土地集中的收益预期，自然就降低了动员村民土地集中过程中的阻力。

由于成立合作社后进行土地规模经营可以申请政府补贴和基础设施建设项目补贴，农户对流转土地后土地租金上涨的预期持乐观态度。合作社承诺采用“800 元/亩保底 + 50%二次分红”的分配方式，为村民提供了更为稳定的租金收益和分红预期，从而吸引了村民，使他们更愿意将土地交由合作社进行统一的经营与管理。“保底 + 50%二次分红”的分配方式不仅通过保底租金为村民提供了稳定的收益，而且还确保了村民能够持续获得土地未来的增值收益。合作社最初敲定的保底收益是每年 720 元/亩，但很多村民反映保底收益太低。2008 年起，村集体将每年的保底收益提升至 800 元/亩，这一标准高于当时村内最高的土地流转费用且采用预付租金的方式，显著降低了村民的风险顾虑。村集体承诺，土地流转费用在扣除 800 元的溢价部分及成本后，剩余部分将由村民和村集体按照五五的比例进行分配。这种分配方式增强了村民对土地流转收益的信心，使他们更愿意将土地流转给村集体，从而显著降低了土地集中过程中的工作成本。村民还可以在合作社务工，以获得工资性收入。鉴于当时农民已了解村集体有新建集中居住区的规划，合作社优先吸纳村民就业的举措，也符合农户期望获得稳定就业收入的心理预期。

土地集中工作的正式推进始于 2006 年的秋收之后。土地集中后，村民与种植大户原来签订的土地流转合同作废，改为与村集体重新签订协议。通过这种方式，原本由农户直接与种植大户对接的模式转变为通过合作社集中村民手中的土地，再由合作社将土地流转给种植大户（以村外人员为主，主要从事蔬菜和水稻的种植）。这既降低了农户寻找土地流转租户的成本，也降低了种植大户与众多农户协调土地流转的交易成本。同时，对于合作社来说，这也是提高土地利用效率和争取国家鼓励规模化经营政策补贴的重要途径。可谓多方共赢。村集体与种植大户提前做了“约定”，如果村集体要开展集中居住，与大户签订的农地承包合同就自动废止。由此，我们可以看到，2006 年进行的多小组间规模化土地流转，其实是同时准备争取集中居住政策项目和引进规模化农业经营主体。

当然，也有少部分的村民坚持认为经由合作社经营会降低自己到手的租金，因此不愿意将自己流转给种植大户的土地交由合作社管理。对于这部分人，村集体也充分尊重他们的选择。

合作社成立后，郫县农业发展部门投资超过300万元，为战旗村建设了包括沟渠、道路、桥梁在内的基础设施，这些设施覆盖了原第3组、第8组、第9组及部分第2组的土地，使得战旗村约一半的农用地因此受益。政府确实为鼓励农地集中而推出奖励政策。一旦村里实现了农地的规模化集中，政府将出资配套水电设施，并且可能出资建设大棚设施，以改善农业生产的基本条件。因此，村里大部分流转农地的租金得以增加，这些收益主要通过租金和分红的方式，流转到了土地流转农户的手中。改善农业生产条件后，每年的农地租金（按大米的市场价折算）提高到了900～1 000元/亩，2008年达到了每年1 200元/亩，此后年年攀升，峰值时甚至达到了2 200多元/亩。在农业生产经营状况良好的时期，农地流转的租金通常采用预付的方式。然而，2015年和2016年，由于花卉苗木市场行情不佳，许多种植大户在流转农民土地时改为采用后付租金的方式。战旗村集体农业合作社采用“保底租金＋50％二次分红”的利益分配方式，使得合作社采用综合的方式经营土地后所获得的可分配利润还能够继续在村民与村集体之间进行二次分配。农户每年除了获得预定的土地租金外，还能够分享部分农业生产经营的利润（但不承担农业生产经营的风险）。这种分配方式比较符合农户对于农业生产的利润和风险之间的综合预期，容易被农户接受。

合作社自2006年起开始运作，但直至2008年11月方完成正式注册登记。2006年合作社流转的500亩土地占战旗村耕地面积的25%左右；2009年流转土地1 097亩，占全村耕地的60%；2010年年底，合作社流转土地占全村耕地的80%；2011年年底，合作社流转土地占全村耕地的95%；2019年年底，合作社流转土地占全村耕地的98%。至2019年年底，战旗村全村农地已基本流转至村集体合作社。

2007年，合作社成功引进了现代农业化龙头企业——成都榕珍菌业有限公司，在战旗村进行投资。一期投资项目涉及土地流转300亩，总投资额达到4 000万元。该企业每日生产约50吨的菌菇，并且吸纳了约350名就业工人，其中绝大部分来自战旗村及附近村庄的农村劳动力，当时的月平均工资为3 500元。随后，自2008年起，“妈妈农庄”等其他农业旅游公司纷纷投资农业休闲旅游项目，推动了战旗村产业业态的转型升级，形成了一三产融合发展的良好态势。这不仅带动了本村农民农家乐、民宿等业态的蓬勃发展，而且也进一步提升了战旗村的整体经济实力。

3. 借助“拆院并院”试点政策，实现全村土地集中（2007—2011年）

2003年上半年战旗村集体企业进行重新改制并初见成效，8月份村主要领导干部又外出参观学习先进村庄发展的成功经验，回来之后就组织全村干群探讨战旗村未来的发展道路，经讨论，大家基本达成共识，即为了实现战旗村未来的持续发展，应将各类土地资源配置管理权主要集中于村集体，并且推动农业生产向规模化经营转变。战旗村于是开始了 2 个村民小组的小规模土地集中试点和 2006 年多个小组参与的 500 亩农地集中流转。但真正让战旗村后来重新脱颖而出的契机则是 2007 年参加“农村新型社区建设项目”的试点。这次的项目活动对战旗村而言是发展中的又一重大里程碑事件，之后产生的影响之大之深也是无法料想的。

2007 年春节后，战旗村被唐昌镇政府列为参加“农村新型社区建设项目”试点村，当年全村 9 个村民小组全部开展“拆院并院”试点村工作。到 2009 年 4 月，全村共计 469 户（1 655 人）入住，集中居住率达到了 96%（其余 121 户农户在社区外道路两边，未纳入土地整理范围）。原计划该项目应于 2008 年完成，然而，受 2008 年 5 月 12 日汶川地震的影响，项目工程建设进度推迟，导致验收入住的时间也相应延后。通过整理村民原有的宅基地、院落等，新增 440.8 亩建设用地指标。经四川省国土资源厅验收，其中 215 亩整理为安置村民的战旗小区用地，208 亩整理为耕地。在验收合格后，这部分建设用地指标通过实施城乡建设用地增减挂钩政策，与城市用地进行挂钩，成功实现了土地出让，并且获得了1.3亿元的土地出让收益。除偿还融资本息1.15亿元外，剩余的1 500万元大多通过政府补助等形式用于战旗村现代农业产业园的基础设施配套建设。

通常，农民在积累一定财富后，会将修建房屋和繁衍后代视为家庭生命周期规划中的关键事项。改变居住条件，是农户们最普遍的愿望。战旗村的村民也不例外，鉴于历史上村集体曾成功举办局部区域的农民集中居住小区项目，村民们对集中建设居住小区以改善居住和生活环境的举措普遍抱有期望。集中居住的活动往往又是引发生产生活条件跨越式提高的有效触动力。

1976年，战旗村村干部参观大寨回来后进行了一次集中新居建设。当时，战旗村的这一举措成为郫县首个农民集中居住区，总共修了四幢一楼一底瓦房，共64个套间，1.5万平方米，一个小队的32户87人搬进了新村。此次的新居建设行动，在一定程度上推动了战旗村办企业的升级提档，并且带动了一批新企业的诞生，使得战旗村的社会经济发展水平当时在公社名列前茅，逐渐成为周边村庄的商贸活动集聚中心。

1996年，村集体投入42万元修建了两楼一底、建筑面积达876平方米的办公综合楼。这是当时村党支部书记高玉春在参加上级组织乡镇干部参观考察马来西亚乡村发展回来后提议的。一开始村里有很多人不理解，觉得当时村里需要改善的地方还有很多，花如此之多的钱兴建办公楼是否有点奢侈。村“两委”经过讨论后通过了这项提议，一年之后办公楼兴建完成。事实证明这项决策的正确性。村办公大楼建成之后，不但改善了村“两委”的办公条件，更为重要的是招商引资工作进展大为改善，战旗村首次出现了地标性建筑物，而且村里的一些公共服务设施条件大为改善，甚至能够与城镇相关建筑水平相媲美。村民们开始对此举表示好评，并且邻近村庄的群众也对此举表示羡慕。因此，村集体根据发展规划进行了土地调整，在道路两侧新建了一排两层的楼房，供财力条件较好的农户迁入居住。附近的其他农户也根据自身的情况，纷纷对自家房屋进行改建或扩建，逐渐形成了相对集中且居住条件较好的区域。截至 1999 年，村集体和个人已共同投资 300 万元用于新村区的建设，共有近百户村民迁入新村规划区的楼房内居住，其中主要为第 4 组和第 8 组的村民，约占全村人口的 20%。然而，其余大部分农户的居住地仍然相对分散。2003 年，李世立、高德敏外出参观华西村、南街村后带回的其他村发展的光碟让村民们感受到了发达村庄集中居住小区的美好生活环境，这些早就在村民心中播下了憧憬居住环境和美好生活改善的种子。

2005 年 7 月 19 日，郫县人民政府发布了《关于开展农村“拆院并院”试点工作的意见》，该意见指出，为进一步贯彻落实《国务院关于深化改革严格土地管理的决定》，要大力推进“三个集中”（工业向园区集中、农民居住向城镇集中、耕地向规模化经营集中）。实际上，成都市 2003 年初就开始在全省范围内鼓励推进以“三个集中”为核心的“城乡一体化”改革，加快全县城乡一体化进程，积极探索农村集体建设用地的利用方式，盘活、用好农村集体建设用地，切实改善农民生产、居住条件。“拆院并院”试点工作的主要目标是通过整合分散的农村居民居住点，将其集中至规划的城镇、中心村或聚居点，以实现耕地的规模化经营，并且将置换出的建设用地集中用于城镇和工业发展，从而缓解建设用地紧张的问题，推动土地的节约和集约利用。参加试点项目工作经过“拆院并院”整理后增加的农用地，经农村集体经济组织 2/3 以上成员或者 2/3 以上村民代表同意，报镇人民政府审核后，可依法流转用于农业产业化项目，流转收益归农民集体所有。

战旗村“两委”干部敏锐地洞察了地方政策的发展趋势，并在日常工作中积极准备，以期在条件成熟时争取到试点项目。战旗村的目标并非推动农户向已有城镇中心迁移，而是致力于在本村集中劳动力就业，因为引导农民向城镇中心集中居住在当前并不现实。战旗村想把自己的村庄环境建设得不亚于城镇社区的水平，而且进一步促进村庄产业的发展，让农民稳定就业在非农产业，收入水平得以提高。

自2005年郫县政府发布“拆院并院”试点工作的政策意见以来，战旗村便有意识地结合本村的实际情况，着手进行村庄的整体规划，旨在为全村实现规模化集中居住奠定基础。但是在配套政策尚未完善、缺乏具体可操作性落地条款且未获得试点政策项目支持的情况下，战旗村仅凭自身的经济实力推进居住集中化，面临较大困难。自2005年起，战旗村结合本村的实际情况，着手进行村庄的整体规划，旨在为全村实现规模化集中居住奠定基础。在相关专家的协助下，战旗村自2006年起制定了郫县首个新农村村庄建设规划，涵盖项目定位、产业发展、新型社区建设及土地综合整理等多个方面的总体规划。然而，由于“拆院并院”这一重要试点工作的政策尚未明确，候选试点村及落实方案尚未确定，战旗村的村庄发展规划编制调整尚未完成最终定稿。

前文已经介绍过，战旗村村“两委”在2007年确认获得“拆院并院”项目之前的这段时间中的积极准备，并且有意识地通过各项工作展现自己的组织能力，以提升战旗村的知名度。或许有人会产生疑问，为何带有集中居住内容的规划方案迟迟未能确定。要知道，一个可以实施的村庄规划方案，其建设内容与建设成本紧密相连，不仅直接影响村民对方案的接受程度，而且还深刻影响着公共服务基础设施的建设、未来产业结构的发展及村民就业和收入来源的格局。战旗村的村领导班子一直高度重视村庄发展规划的制定和及时调整，主动与政府的相关部门保持沟通。这是他们从实践中观察和总结的宝贵经验，非常值得基层干部借鉴学习。

2007年6月7日，《国家发展改革委关于批准重庆市和成都市设立全国统筹城乡综合配套改革试验区的通知》要求“两市”（重庆市和成都市）从实际出发，全面推进各个领域的体制改革，对包括国家土地所有权、集体土地所有权、国有土地使用权、集体土地使用权在内的农村产权制度进行理论研究与实践创新，做到“先行先试”，为全国做示范。随后，成都市委、市政府出台了《关于推进统筹城乡综合配套改革试验区建设的意见》，其中指出，探索建立城乡统一的土地市场，让集体建设用地在土地有形市场中自主交易、流转，与国有土地实行同地、同价、同权，实现“两种所有权，同一个市场”。城乡建设用地“增减挂钩”项目旨在通过引导城乡用地结构的合理调整与布局优化，推动土地的节约集约利用，进而促进城乡的协调发展。

为应对城镇发展资金短缺的问题，成都市于2007年3月26日正式批准成立成都市小城镇投资有限公司（以下简称“小城投公司”），旨在搭建现代农业和新农村建设的投融资平台，通过多渠道增加对“三农”的投入。随后，2007年7月10日，成都市惠农投资建设有限责任公司正式成立，该公司由成都市郫县国有资产监督管理办公室全资控股。

战旗村积极申请成为试点，率先进行土地综合整治“增减挂钩”项目的改革，并且遵循市场化机制予以实施。在 2007 年 7 月 2 日，郫县、新津、崇州等九个区（市）县提交的 14 个农村新型社区建设项目，被小城投公司选定为首批启动的项目。其中，郫县唐昌镇战旗村、新津区新平镇、崇州市桤泉镇三地的“农村新型社区建设项目”作为试点项目率先启动。

战旗村被列为试点项目后，2007 年 1—8 月主要做了宣传动员、户型意愿调查、制定设计方案、规划和勘验旧房等工作。大部分村民的原有房屋已显陈旧，他们普遍渴望以较低的成本迁入现代化的居住小区。此外，约 20%的农户由于房屋新建不久、担忧耕作不便或住房成本较高等因素，对此持犹豫的态度。为此，村委会采取了给予经济补偿、推行土地集中经营及引进企业以提供就业机会等措施，在广大村民和村干部的积极推动下，最终成功说服了这 20%的农户参与其中。

实际上，试点项目的资金运作和建设工程安排均由国有企业负责执行，项目资金并不直接拨付给村级组织自行操作，这种操作模式有效避免了村干部可能面临的诸多管理难题。然而，对于工程建设、农地治理的实施进度监督及住房户型的设计选择等方面，仍需经过村委会和农民的监督程序，以确保项目的顺利进行和符合各方利益。战旗村在住房建设工程上根据自己的情况灵活地选择了“统规统建”与“统规自建”相结合的方式，节省了不少住房建设成本。

农村集中居住项目实现了农民低成本住楼房的愿望。农户按照建设成本实际支付建房（购房）款 3 441 万元，扣除拆迁补偿款 2 902 万元后，平均每户仅需支付约 1.15 万元，在住房上，农民的投入仅占总投资的 5%左右。总体而言，有 1/3 的住户需要自行补贴数万元，而另外 1/3 的住户则实现了收支平衡。在战旗村，部分村民的经济收入较为可观。在装修和家具购置方面，他们根据家庭经济状况和个人意愿进行投入，有的选择不投入或少投入，而有些村民则自主投入十余万元以改善居住环境。

随着土地利用空间格局的变化，村庄的组织结构也进行了调整。村民集中居住后，按照居住距离重新分组以方便管理。原先，小组拥有经营土地的权力，但如今这些权力已转移至村级，小组的职能转变为负责社区管理、政策宣传、环境卫生保护、矛盾调解等公共事务。同时，2009 年之前，每个组产生的盈余收入交由组内处理发放；2009 年之后，采取全村统一核算收支的办法，打破了各组之间的界限。

该项目还完善了多项基础设施的配套建设。如完成绿化环境 1 200 平方米，硬化道路、划分行车标志线 6 000 米，铺设柏油道路

10 000 米，新建标准化渠系 8 000 米，村里的主要道路均安装了路灯和交通信号灯，公交车公司已在新型社区设立站点，展现出了“村洁、路畅、水净、景美”的新景象。在新型社区中，同步配套建设了包括幼儿园、超市、便民服务中心、卫生站等在内的多种功能设施，总占地面积超过 2 000 平方米。村民已接入光纤、自来水、天然气等清洁能源并享受幼儿园、市场、超市、公共交通等便捷服务；此外，在灾后重建过程中还修建了文化大院等基础设施，显著缩小了城乡公共服务的差距，推动了农民居住方式与生产、生活方式的同步转变，初步实现了城乡一体化，并进一步巩固和加强了村民对村集体的信任和凝聚力。

集中居住政策使得战旗村村民家家户户都接通了入户天然气，显著提升了社区居民的生活质量。直到今天，附近村庄的农户尚未使用管道入户天然气，基本上使用的还是液化气罐。社区附近的榕珍菌业（现中延菌业）厂房更是天然气使用大户，其每月的用气量是居民生活用气量的数倍。榕珍菌业于 2007 年 8 月正式在战旗村进行投资，可以推测，战旗村集中居住所带来的完善的基础设施条件是吸引其在此投资建厂的重要考量因素。

4. 集中居住带来农地向村集体农业合作社集中流转

集中居住模式迅速为战旗村农地的集约化利用带来了显著的推动

作用。2007 年 9 月 11 日，郫县县委发布了《关于推进农用地向规模经营集中促进农业产业化快速发展的意见（试行）》。该文件强调要继续推进“三个集中”，立足现代都市农业目标，推进农用地向规模经营集中，加快农村经济发展及农业产业化进程，深入推进城乡一体化，千方百计增加农民收入，全面建设社会主义新农村，继续按照“一园三带四大基地”的农业产业总体布局，发展无公害蔬菜、花卉苗木、珍稀食用菌、优质粮油四大优势产业，努力把郫县建设成现代农业示范基地。县政府进一步出台了土地流转奖励政策，旨在激励村、社组织积极行动，引导农户通过土地入股等方式组建农民专业合作经济组织，以实现土地资源的规模化流转。流转面积在 1 000 亩以上、流转期限在 3 年以上的，给予该集体经济组织 5 万～10 万元的奖励。

在政策持续鼓励支持土地集中的背景下，通过全县农业产业总体布局的推动，村集体继续通过宅基地的整理和集中，实现了农用地的有效集中。此举使得土地面积从原先的 500 亩增加至 820 余亩，占全村耕地的 95％，显著加快了土地资源的集中进程。

2009 年，随着村民大规模搬入新居，老旧住宅被自行拆除，战旗村随即启动了土地整理与复耕工作，并且同时鼓励村民将土地流转至战旗蔬菜专业合作社进行集中经营。集中居住后，许多村民的耕作半径有所扩大，同时随着村内企业吸纳就业人数的增加，村民自行耕种土地的意愿显著降低。于是村集体以项目为契机，借助对村民土地的调整，成功动员绝大多数村民将还耕后的土地流转到战旗蔬菜专业合作社，由其统一经营和管理。

2009 年 9 月，合作社集中流转了 1 097 亩土地，这一面积约占全村耕地的 60%。为配合县级现代农业产业园的总体规划，合作社将 700 亩土地承包给种植大户，对余下的 397 亩土地进行复垦和整理，全部用于种植高端蔬菜。为此，合作社从唐昌镇农村商业银行获得了 130 万元的贷款和 18 万元的贷款贴息，这些资金全部用于合作社配套设施的建设。郫县唐昌镇战旗蔬菜专业合作社成功解决了当地 100 多人的就业问题，带动了当地农户的致富和增收。

2010 年 8 月 21 日，战旗村发布的《土地集中实施办法》提出，全村村民进入新型社区居住后，土地集中经营已成为亟须解决的问题。为使土地产生更多的经济效益，推动战旗村得到更大的发展，村民议事会研究决定“拆院并院”，原宅基地整理为耕地后，原使用者不再享有使用权，而由集体将土地加入承包地面积中，参加承包地的确权分配，承包地实行全村统一人均确权。承包地确权后，村民按照依法、自愿、有偿的原则，将本村农户的承包地（包括还耕后的宅基地）、自留地入股到战旗村农业股份合作社（战旗蔬菜专业合作社）

统一经营，实行“保底＋分红”的效益分配方式。对不愿入股的农户，确权的面积由全村统一另行划地，不享受合作社经营土地产生的效益分配。凡按规定在社区居住且全家（包括户口单立的老人及其子女）土地全部入股合作社的村民，若年满60周岁，则从2011年1月起，每月可领取30元的养老补助金；尚未把全部土地流转进合作社的，要待全家入股后才能开始发放养老补助金。

该办法的推出极大地推动了农户将自家承包地流转至集体合作社。截至2010年年底，合作社集中土地约1 600亩，占全村耕地的约80％，涉及495户共1 551人。其中，流转给种植大户的土地为1 420亩，租金收入为187万元，而合作社直接经营的土地为320亩。鉴于复垦农田的贫瘠状况，投入成本高昂而产出效益较低，截至2010年12月，合作社共投入土壤改良费用9.6万元。2011年年底，合作社集中土地1 820余亩，占全村耕地的约95％。合作社采取3种运作方式经营流转的农地：一是合作社集体经营90亩，其中15亩建成现代化蔬菜育苗中心，加强新品种试种示范；二是引进业主和龙头企业16家，流转土地1 740亩，集中发展现代农业；三是加强村内集体企业发展，壮大集体经济。通过园区建设，成功打造了400亩无公害蔬菜种植基地，320亩标准化、规范化的现代农业观光大棚及160亩标准化食用菌种植基地，实现了年产值9 000万元，并且招商建成了占地 600 亩的“妈妈农庄”，专门用于发展 600 亩有机蔬菜种植。村集体积极探索与五季蔬菜生产和销售公司合作，提升战旗现代农业产业园的辐射和带动能力。

随着战旗村农业股份合作社集中土地规模的逐渐扩大，该合作社获得了政府部门的一系列政策奖励和补贴。2011 年，战旗村农业股份合作社被评为四川省级示范社，获得奖金 10 万元；2015 年，合作社申请生态沟渠建设项目资金 45 万元，用于蓝莓基地的沟渠建设；2016 年，合作社申请区财政资金 25 万元，用于冬草莓基地的田间机耕道和观光车道的修建；2017 年，合作社又申请生态沟渠建设项目资金 25 万元，用于修建吕家院子到乡村十八坊街区路段的沟渠。

截至 2019 年年底，合作社共运营管理农用地 1 937 亩，入社 1 670 人，占全村确权人数（1 704 人）的 98%，其余人选择自己经营土地，他们的种地需求也得到满足。

合作社不仅集中了土地，而且通过“保底 + 分红”的分配方式，让农民成为农业工人，获得工资性收入，让住入楼房的农户获得了稳定的收入。

为应对村民入住楼房后居住成本上升及土地集中后剩余劳动力增多等挑战，村集体积极引进各类企业，旨在解决土地集中后村内的就业问题。2007 年 3 月，郫县唐昌镇成功引进农业产业化龙头企业——成都榕珍菌业有限公司（以下简称“榕珍菌业”），该公司正式落户于战旗现代农业产业园，占地301.5亩（城镇规划区范围外）。2008年3月中旬，基本完成了项目一期300亩的建设，总投资4 000万余元，同年3月下旬投入生产。榕珍菌业在战旗村主要的生产任务是对杏鲍菇、金针菇等菌菇进行育苗和种植。杏鲍菇的生产周期比较长，一年365天都在生产、出货，每天约50吨的产量，还包括了从制包、接种、采菇到修菇、排包、包装、销售，整个生产流程均需人工操作，因此，公司需要投入大量且持续的劳动力。公司目前共有员工约350名，员工中有大约60%是战旗村村民，此外还有周边金星村（未合并前）、横山村等村的村民，他们的平均工资为3 500元/月。

为扶持设施农业项目，政府对榕珍菌业食用菌生产用电按农业生产最低价位执行，所流转的农用地也给予50%的租金补贴。此外，政府还提供了设施补贴818.58万元、设备补贴170.14万元、生产管理用房补贴25万元及贷款贴息扶持122.2万元等，总计超过1 000万元的补贴资金。政府对该项目非常重视，一个很大的原因就是这是一个劳动密集型产业，可以吸纳农村众多的剩余劳动力，以提高农民的收入水平。

5. 土地集中与集体经济组织制度机制建设

与土地集中和农民居住集中过程相伴随的是战旗村按照郫县县

委、县政府要求的农村集体产权制度改革试点工作的开展。

2008年11月7日，郫县召开了农村产权制度改革工作会议，要求在4个月内完成全县涉农地区的确权颁证工作。全县农户将领到《土地承包经营权证》《集体用地使用权证》《房屋所有权证》“三证”。战旗村被县委、县政府选定为“农村产权制度改革”的扩大试点村，并且明确要求于2009年2月完成给村民颁发《土地承包经营权证》《集体用地使用权证》《房屋所有权证》的工作。

在农村产权制度改革中，集体经济组织成员资格认定是其重要的基础之一，然而，这与战旗村原有的村社成员权资格认定存在明显的矛盾。政策导向强调将集体经济组织的成员资格进行明确界定并固化，这与因人口自然变动而需进行的成员权认定存在显著差异。若成员权资格被固化，那么日后新增的人口将无法分享到集体经济增值所带来的收益。

战旗村不可能违背政策导向，而且村庄内部也确实存在一定的明晰财产边界的需求。随着农村新型社区建设项目的基本完成，关于哪些人属于村集体经济组织的成员、拥有土地承包经营权、享有集体资产未来增值收益的分配权及村民自治权利的问题，已成为亟待解决的重要议题。

综合考虑政策导向和村内情况之后，2010年，战旗村出台了

《战旗村集体经济组织成员界定办法》。该办法规定，集体成员资格以家庭为单位，生不增、死不减。在集体经济组织成员资格最终认定之前，原先因外嫁、求学等原因将户口迁出的村民，享有选择权，可将户口迁回战旗村内。此过程需前往派出所办理户口登记，并且需获得本社 2/3 成员的同意，方可成为集体经济组织的成员。此外，新增人口也可以被界定为集体经济组织成员。这些规定，既符合政策要求，又给了村集体一定的自主空间。

经过集体协商讨论，最终确定以 2011 年 4 月 20 日为截止点，集体经济组织成员共计 1 704 人。随着人口变动增大，成员资格固化可能会产生一系列问题，因此村里计划出台《战旗村集体经济组织成员界定办法补充意见》，设定成员资格调整周期。鉴于承包地具有调整的可能性，而宅基地则无法新增，因此，未来新增的集体经济组织成员将仅享有集体经济组织的收益分配权及相应土地的承包经营权，而不再享有宅基地的分配权。

经过村民代表大会的充分讨论和全村村民的签字确认，最终通过了《战旗村集体土地及房屋确权方案》。该方案指出，战旗村范围内的原村、社的集体土地归全村集体经济组织成员共同所有，办理村集体土地所有权证，通过郫县唐昌镇战旗蔬菜专业合作社和成都集凤投资管理有限公司分别对耕地和集体建设用地进行管理经营，实现全村土地的统一管理、统一流转、统一分配。村内将全部耕地，包括原有的耕地及旧房还耕后新增的耕地，进行平均分配，并且实行统一经营管理。

战旗村于2011年3月25日召开了村民会议，4月6日经2/3成员同意后通过了《关于实行“农村土地承包经营权长久不变”有关问题的决议》，内容如下：

(1) 本村承包地基本情况：承包农户总数为529户（1 704人），集体耕地实测总面积为1 938.36亩，全部承包并确权到户，无机动地剩余。

(2) 实施土地承包经营权长久不变的时间节点。2011年4月20日起，承包土地不再进行调整，实行“增人不增地，减人不减地”，承包地到期后自动续期，集体经济组织不再收回重新发包，也不再因自然灾害造成的承包地毁损等特殊情形而调整土地。

(3) 征地补偿由农民集体讨论确定。

(4) 可自愿流转，申请抵押贷款，一次性转让、继承、赠予。

2011年4月20日，成员资格界定完毕后，村委会为发包方，将1 938.36亩耕地中的1 937.448亩平均分配给了1 704名集体经济组织成员，每人分得1.137亩土地。2011年7月15日，签订土地承包合同，以户为单位颁发承包经营证书。

这次土地的分配打破了村组的界限，全村每户中的人均占有耕地数量统一标准。由于本身人均耕地差异就相对较小，而且这个时期村民的收入已经越来越不依赖土地，因此分地过程比较顺利。

这次全村均分土地不只是按面积进行重新分配，而且还要求按照自然资源部的要求确定地块位置和“四至”（某块土地四周的界限）。战旗村集体为预防未来产业用地在流转过程中出现问题，决定将每个地块细分为若干块田，每块田再细分为八份，分配给不同的个人。因此，每个人将拥有多处田地，每户的承包地也将被分割成多个小块。这样做是为了降低某个村民未来对于某一大片土地开发使用阻挠的可能性，降低土地流转使用的不必要成本。由于沿用传统上战旗村把不同质量的农地按照每 50 斤产量差异对地块分等级的做法且村民已经并不实际经营土地了，因此村民也没有对这样的做法提出反对意见。

合作社集中流转进农户的土地后采取两种运作方式：一是自己经营 90 亩农地，其中 15 亩用于经营现代化蔬菜育苗中心；二是把 1 740 亩农地转租给 16 家种植大户和龙头企业发展经济作物。

集体建设用地（确权给农户的宅基地除外）也同样由村集体统一经营，由成都集凤投资管理有限公司经营管理，实现全村土地的统一管理、统一流转、统一分配，产生的增值收益按照公司章程进行分配。

2013年，党的十八届三中全会上，中央宣布实行农村“三块地”改革[①]，建立城乡统一的建设用地市场，在符合规划和用途管制的前提下，允许农村集体经营性建设用地出让、租赁、入股，实行与国有土地同等入市、同权同价的制度。2015年2月27日，全国人大常委会通过了《全国人民代表大会常务委员会关于授权国务院在北京市大兴区等三十三个试点县（市、区）行政区域暂时调整实施有关法律规定的决定》，选定北京市大兴区、辽宁省海城市、上海市松江区、山东省禹城市、河南省长垣市、湖北省宜城市、四川省郫县等地作为农村“三块地”的改革试点，此举标志着集体经营性建设用地入市改革试点正式进入实质性实施阶段。

战旗村在耕地和集体经营性建设用地确权工作完成后，就开始全面清理核算集体资产，计划清理核算资产经村民代表确认同意后，将全部集体资产进行股份量化，成立股份制公司，变村民为股民。然而，这一进程进展缓慢，直至2015年2月，郫县被纳入全国33个农

① 农村“三块地”改革：农村“三块地”是指承包地、宅基地、集体经营性建设用地。2015年，中共中央办公厅、国务院办公厅印发了《关于农村土地征收、集体经营性建设用地入市、宅基地制度改革试点工作的意见》，开始在全国33个地区实行为期两年的试点。2017年年底，试点延期一年至2018年年底结束。2019年8月26日，十三届全国人大常委会第十二次会议表决通过关于修改土地管理法、城市房地产管理法的决定。新修改的土地管理法，把农村“三块地”改革的成功经验全部吸收到土地管理法，在农村土地管理方面做出了多项创新性的规定。

村集体经营性建设用地入市改革试点，并且随着《郫县农村集体经营性建设用地入市制度改革试点实施方案》的发布，情况才有所好转。

高德敏书记得知农村集体经营性建设用地入市改革试点政策后，立刻决定申请将战旗村纳入改革试点。这对当时的战旗村来说，是发现和实现土地价值的绝佳机会。战旗村地理位置相对偏远，位于郫县的边缘地带，因此在土地价格上并不具备明显的区位优势。战旗村计划出让那些被复合肥厂和预制构件厂等企业租用的、属于村集体所有的工厂土地。这些地块的年租金不足 10 万元且厂区环境未达到标准，对村容村貌造成了负面的影响，因此在过去的几年中陆续被关闭。由此，地腾出来了，却遇上了开发难题。2014 年，成都一家企业看中了这块集体经营性建设用地，并且计划将其用于发展乡村旅游业的长期投资，为此还支付了 100 万元的定金。然而，由于相关手续无法顺利办理，该计划最终未能实现。战旗村当时有不少像这样的建设用地需要转让交易，也希望通过试点来提升战旗村的知名度。

但是根据《中华人民共和国土地管理法》的规定，要成为入市交易挂牌试点需要满足如下条件：

(1) 符合土地利用总体规划、乡（镇）村建设规划和土地利用年度计划；

(2) 必须是农村集体存量建设用地或者已经依法批准为建设用地

的农用地，规划用途为工业、商业等经营性用途，集体公益性建设用地和宅基地则不能进行交易；

(3) 集体经营性建设用地必须依法登记，要权属清晰且合法、“四至”清楚、没有纠纷；

(4) 须经本集体经济组织 2/3 以上成员或者 2/3 以上村民代表同意；

(5) 在具体操作中，主管部门更倾向于将入市的实施主体选定为根据所有权主体授权的具备法人资格的、市场化程度更高的经济实体或组织，以便入市相关工作的推进；

(6) 要求交易主体有健全的财务制度、完善的入市收益分配方案等准备材料。

郫县发布的《关于开展农村集体经济组织股份制改造试点的意见》明确指出，为配合农村集体经营性建设用地入市试点工作，需依法规范入市主体及其收益的内部分配行为。因此，所有涉及农村集体经营性建设用地入市的集体经济组织，均被纳入股份制改造试点的范畴。

放眼整个郫县，满足全部入市要求且能拿得出较大地块入市的村庄寥寥无几。城镇郊区的土地大多被征用、占用，拿不出产权清晰的、没有历史负担的地块参与集体建设用地入市试点；或者早就以很高的租金租出去，缺乏入市交易的动力。据高德敏书记所述，当时入市条件相对优越的村庄几乎仅有战旗村，这主要归功于战旗村前期准备工作做得充分与扎实。例如，企业改制使集体掌握了企业的经营主导权，因此村集体对企业所占建设用地的使用有较大话语权；“拆院并院”在全村范围内大面积地整理了村内耕地及建设用地，改变了地块分散的状况；2013 年，给旧厂房的 60 余亩建设用地办了 9 宗使用权证，包含了战旗准备提交入市交易的地块；2015 年，成都市开始实施重新修订的《成都市饮用水水源保护条例》，在水环境保护的要求下，旧厂的拆迁为战旗村释放了更多可用的建设用地，这些地块入市后，其商业用途与战旗村的产业结构升级方向相契合。此外，战旗村已经完成了集体经济组织的成员资格界定并明晰了产权，清产核资工作也逐步开展。

然而，战旗村尚未完全符合入市所需的各项标准。例如，战旗村成都集凤投资管理有限公司和土地股份制有限公司均不具备土地入市的经营权限，而村委会作为基层自治组织并非经济主体。战旗村根据郫县提出的“明确集体经济组织合法市场主体地位”的修法建议，按照土地所有权与使用权分离的思路，创新设计了“产权主体 + 实施主体”的组织结构，由村民委员会代表农民集体行使农村集体建设用地的所有权；以锁定的战旗村集体经济组织的 1 704 名成员为股东，组建“郫县唐昌镇战旗资产管理有限公司”，将该公司作为集体经营性建设用地入市的实施主体，授权委托其实施土地入市，代表农民集体行使农村集体建设用地使用权及相应的经营权和收益权。该制度的设计有效地保障和维护了集体经济组织成员的土地权益。郫县提出的这一“明确集体经济组织合法市场主体地位”的建议，在《中华人民共和国民法总则》修订中被吸收和采纳。

2015 年 8 月 6 日，战旗村村委会再次发布了更为详尽的《郫县唐昌镇战旗村集体经济股份化改造试点工作实施方案》，对所有集体资产进行股份量化，参与股份量化的人员以 2011 年 4 月 20 日界定的战旗村集体经济组织成员为准，形成股权固化的决议，保障集体经济组织成员持有集体资产股份长久不变。原则上，该方案仅设立个人股，不保留集体股。股权持有人对股份享有所有权、处置权和收益分配权，可以继承、赠予和转让股份，但不得抽回股份和提现。

2015 年 8 月 17 日，战旗村村集体正式注册成立了郫县唐昌镇战旗资产管理有限公司，旨在将其作为集体建设用地入市主体，同时实现村民向股东的转变，从而增加村民的财产性收入。该公司由村议事会成员（共计 35 人）作为发起人，村民委员会主任杨勇担任法定代表人，注册资本为 1 704 万元。以 2011 年 4 月 20 日为基准日，锁定了集体经济组织的 1 704 名成员作为股东，每人持有 1 万元的股本。股权以家庭为单位共有，具有不可拆分性，但允许在户内进行继承。

截至目前，已有两户因绝户等情况，其股份收归集体所有。

经过一系列周密的准备工作，战旗村于 2015 年 8 月 26 日将总计 13.447 亩的集体建设用地在郫县公共资源交易服务中心挂牌交易，挂牌时间自 2015 年 8 月 26 日起至 9 月 7 日止。最终，迈高公司以每亩 52.5 万元的价格成功竞得该集体建设用地 40 年的使用权，此举为全省农村集体经营性建设用地入市交易的首例成功交易。

以上集体经济产权制度改革和完善工作进行以后，战旗村的土地经营和产业结构调整、招商引资工作变得越发顺畅，出现了多样化的土地经营模式，发展壮大集体经济的步子也越走越稳。

我们把 2003 年到 2015 年期间，战旗村在土地制度改革和集体经济组织制度构建和完善的一些重要时间节点整理后列在下面表格中，供读者参考。

表 2－1 2003—2015 年战旗村有关土地集中统筹经营管理过程的重要事项

年份	举 措	内 容
2003	外出参观学习，回村讨论和决定小组农地小规模集中	确定了“村庄要想发展，土地必须集中”的思想，2 个小组集中流转土地 100 亩租赁给种植大户经营
2006	成立战旗蔬菜专业合作社，跨小组土地规模化集中流转到合作社后统筹经营管理	土地集中面积达 1 100 亩，合作社对流转土地的农户承诺实行保底分红，保底租金为每亩 800 元

续 表

年份	举 措	内 容
2007	申请“创新农村基层治理机制”的改革试点项目，实施“拆院并院”项目，用土地“增减挂钩”方式的资金投入农民集中居住社区建设	对占地400亩的散居农户进行整理，用200亩地修建新居，多余的200多亩宅基地（集体建设用地）指标挂钩到城市里出让，收益1.3亿元；除偿还融资本息1.15亿元外，剩余的1 500万元专项用于战旗村的现代农业产业园基础设施配套建设，并且建成了9.1万平方米的战旗新型社区
2008	成都市委、市政府出台《关于加强耕地保护进一步改革完善农村土地和房屋产权制度的意见（试行）》	以此项政策的推出为契机，战旗村开始进一步推动集体经济组织制度化建设。11月7日，战旗村被县委、县政府确定为“农村产权制度改革”扩大试点村，要求于2009年2月完成对农户办完“三证”（《土地承包经营权证》《集体用地使用权证》《房屋所有权证》）
2009	更名为郫县唐昌镇战旗蔬菜专业合作社	集中2 300多亩农用地，其中有500多亩地没有租赁出去，由合作社自主经营种植蔬菜，剩下的1 800多亩全部集中起来租赁出去，年土地租金统一定为1 200元/亩
2010	战旗村出台《集体经济组织成员认定办法》	集体成员资格以家庭为单位，生不增、死不减，承包农户总数529户；以2011年4月20日为节点，确定集体经济组织个体成员1 704人
2011	村民会议4月6日经2/3成员同意后通过了《关于实行“农村土地承包经营权长久不变”有关问题的决议》；4月20日村委会重新发包农地；7月15日农户签订土地承包合同，以户为单位颁发承包经营证书	村委会为耕地发包方，将1 938.36亩耕地中的1 937.448亩平均分配给了1 704名集体经济组织成员，每人1.137亩土地；这次分地打破了不同小组之间的界限，按人均占有耕地数量分地到每位集体经济组织成员，以家庭为单位进行承包

续　表

年份	举　　措	内　　容
2015	申请农村集体经营性用地入市改革试点；8月6日村委会确定集体经济股份化改造试点工作方案；8月17日组建并注册郫县唐昌镇战旗资产管理有限公司；8月20日资产公司股东代表大会讨论并通过《战旗村集体经营性建设用地出让方案（草案）》和《战旗资产管理有限公司的收益分配方案（草案）》	核定村集体资产4 000万余元，全部注入战旗资产管理有限公司；公司以村议事会成员（35人）为发起人，注册资本为1 704万元；集体经济组织成员每人占股1万元，剩余集体资产估值算作股本溢价；集体资产管理公司的收益分配方案最后按公司章程和股东代表大会决议细化如下：10%为法定公积金，20%为资本公积金，20%用于村公共福利，15%用于社区公共管理，15%用于基础设施配套建设及维护，20%用于全体成员分红
2015	敲响四川省农村集体经营性建设用地入市交易“第一槌”	8月26日，战旗村的13.447亩集体经营性建设用地提交郫县公共资源交易服务中心挂牌交易；9月7日，迈高公司以52.5万元/亩的价格取得这块集体建设用地40年的使用权

（三）“增减挂钩”政策试点的发展机遇是怎么抓住的

2007年，战旗村在郫都区报送的14个“农村新型社区建设”项目申请中脱颖而出，成功获得该试点项目的实施权。其背后的关键因素在于前期“大学生进农家”活动显著提升了战旗村的知名度。然而，在申请试点项目的村庄中，战旗村原本的条件并不突出。无论是从区域位置、交通条件还是经济实力等维度进行考量，战旗村的排名均不靠前。

2006年上半年，郫县开展“城乡思想文化互动试验”，推动“大学生进农家”活动，研究制定“高校—支部—农家”“高校—支部—企业”“高校—支部—农业产业化”互动发展的长效机制。但以上的尝试在全县范围内寻找试点村的工作开展得并不顺利。在新农村建设和信息化建设中，将政策下沉至农村，以落实教育、卫生、文化等各方面的具体工作时，往往面临乡村基层组织因集体组织涣散或经济能力不足而无法支撑项目活动的困境。“大学生进农家”活动也一样。尽管有些村庄也想争当试点以获取制度的支持，但是许多村庄对承接活动并不热衷，或者虽然表示愿意承接，却缺乏开展相应活动的群众基础和工作能力。虽然战旗村当时正处于乡村集体企业重新改制和集体经济重建的低潮期，但仍保留历史遗留的、较强的集体经济基础和政治动员能力，改制后的集体经济也重新获得了一定的收入，有承接这项活动的可能。于是，唐昌镇镇政府向县政府推荐战旗村作为试点村。

战旗村村委成员迅速认识到，这是转变村民思想观念、提升战旗村知名度的绝佳时机，对日后争取各类促进村庄发展的项目具有深远影响。2006 年 4 月 28 日的村委会会议记录显示，当时的村党支部书记李世立认为：“这次活动的开展对于建设社会主义新农村将起到巨大的推动作用，将在全村范围内产生巨大影响，尤其是思想文化方面。”在后续对时任村民委员会主任高德敏的访谈中，他回忆道：“当时领导询问我们是否愿意开展‘高校—支部—农家’的大学生进家助推新农村发展的活动，预计参与人数超过300人。我认为可以，这样的活动将对战旗村的宣传产生显著效果。当被问及需要多少资金补助时，我明确表示不需要。”战旗村的村干部们意识到，这次活动背后的宣传效果是投入再多的广告费也不一定能获得的。之后，村“两委”先后召集党员、村民开会讨论，为承接大学生进农家做准备。

2006年“五一”假期期间，来自西华大学、四川师范大学、成都学院等几所高校的365名大学生住进了一共9个小组中的农户家里，在5天时间里与180户村民同吃、同住、同劳动。每组中每户平均接待2名大学生。活动期间，大学生参观了5家村办企业，坚持每天写一篇日记，每天为农户做一件有意义的实事、好事，每人与结对农户家庭合影一张，每人填写一张大学生进农家社会实践活动日志表。本次活动要求每个大学生每天带动农户做广播体操，帮助农户打扫院内卫生，辅导农户的孩子做功课，以自己的行动和形象引导农户培养文明的生活习惯和方式。大学生们还组织开展了包括舞蹈、书法、英语、普通话、汽车驾驶在内的各类培训活动，举办了主题为“讲文明与发家致富哪个更重要”的辩论赛，旨在引导村民对生活、生产进行深层次的思考。同时，大学生们还开展了法律、养殖、计算机等方面的咨询活动，发放资料1 000多份。当时，成都市委宣传部部长特邀四川知名喜剧演员李伯清与村民同台演出，极大地丰富了村民们的文化生活。与此同时，在开放性的交流中，大学生们感受到了村民勤劳、善良、朴实的品质，培养锻炼了自己的动手能力。

各方对这场被视为“城乡思想文化互动试验”的活动好评如潮。四川省县委宣传部在总结材料中明确指出，“高校—支部—农家”的工作模式作为推进城乡一体化过程中的一项重要举措，是“城市支持农村”战略具体且生动的实践体现。该活动是全国政府工作十大创新奖之一；村民们纷纷表示，那5天的活动让他们感受到了浓厚的节日氛围，每天都像是在过年。众多专家也从理论和实际效果上对这次活动进行了剖析，毫不掩饰对其的赞美之意。

除了2008年因地震被中断外，以后每年的暑假，均有60～100名大学生前往战旗村，与农户共同居住约20天。每户承接2～3名大学生。村集体出资，给每个农户200～300元的补贴。2010年村民集中居住后，由于村民的生产生活方式发生了显著变化，多数劳动力转向企业就业，因此大学生再居住在村民家中显得不太方便。为开展此项活动，村里为大学生在村中另行安排了住宿地点。

一方面，这项活动的作用体现在村内动员上。其转变了村民的思想观念，为“拆院并院”的实施奠定了群众基础。大学生入户为村民带来了新知识、新思想，有效促进了村民良好生活习惯的养成，丰富了村民的文化生活，显著缩小了城乡在理念、精神、文化等方面的差距，村里的环境卫生状况也得到了一定程度的改善。

当年的村党支部书记李世立同样感受到了这些变化："村里实施'三个集中'，村民们对'拆院并院'的认同度和积极性比以前有了一定程度的提高，促进了战旗村'村、企、农'互动经营的发展模式，提高了农业生产的组织化程度。"

另一方面，这次活动的作用体现在村外造势上。这次活动虽然并不是为申请"拆院并院"项目而开展的，但是它使战旗村名声大振，让战旗村重新飘起了示范性的"战旗"，为争创试点奠定了舆论基础。

通过这次活动，战旗村走出了郫县，走入了政府各级领导的视野，取得了宣传上的巨大收益。此次活动后来被上级部门总结为"高校与农村友好协作，优势互补，智力助农，文化支农，技能帮农"的新模式，并且获得了市县领导的肯定。成都市委领导专门做出批示，指出"若该活动属实，则值得广泛宣传"。"2006 第二届中国全面小康论坛专家推选委员会"对战旗村这次活动成效做出的评价是：实现了"加强大学生思想道德教育、农民转变思想观念、提高了文明程度”的多方共赢。战旗村的这项工作也因此荣获了 2006 年度“中国十大政府创新典型”，10 月 28 日，郫县县长在北京人民大会堂参加了颁奖典礼。

本书作者在与战旗村前任党支部书记李世立的访谈中了解到，2007 年春节前，成都市委主要领导等人曾前往战旗村进行视察。李世立在向领导们汇报工作情况时提到战旗村未来的村庄发展思路，特意介绍了关于村民集中居住的村庄整体规划设想。同时他还汇报了战旗村计划如何利用现有村内企业及引进外部企业以解决“村民上楼”后可能面临的就业和收入问题，以及如何应对“拆院并院”和土地集中后可能带来的其他方面的后续问题的设想。

2007 年春节过后，成都市委、市政府工作的第一天便召开了农村工作会议，战旗村被列为“农村新型社区建设项目”的试点。第二天战旗村就接到了通知，开始着手准备进行“拆院并院”试点项目的相关工作。

发展的机遇往往青睐于那些事先明确目标并为之持续努力的准备者。那些在实践工作中展现出卓越能力水平而又具有锐意进取精神的工作者也往往更容易在竞争环境下脱颖而出。

三、我们的评述

2003—2015 年，战旗村历经十多年的时间，逐步完成了土地集中，即村集体掌握了各类土地资源配置的主导控制权。在这一过程中，村“两委”逐渐探索村集体经济组织制度构建，探索构建和完善集体经济组织清晰的产权制度和有效运行机制。未来，战旗村需要进一步探索如何提升集体经济组织的经营方式和效率。切莫以为发展集体经济的过程是可以机械地照搬照抄、一学就会的，这中间需要不断地探索适合自己村情的方式方法，认准方向和目标后要坚持不懈地走下去。其中，一个关键要素在于村集体组织的领导班子是否能获得村民的信任和拥护，以及村干部是否将维护村集体和广大村民的利益置于首位，并将村庄发展与国家发展紧密结合。

曾有四川大学的博士研究生就战旗村为何能够实现土地集中管理这个问题进行调研，其间当时曾经担任村党支部书记的李世立：“农民是一个非常务实的群体，他们只有看到实惠才会听你们的。你们怎么说服大家把土地交给村集体集中管理，实现集中居住的呢?”李世立书记笑着回答：“我通过收集富裕村的相关资料并制作成视频，在村民大会上播放给村民们观看。我们询问村民，华西村的发展状况如何？是否富裕？楼房是否美观？你们是否也希望能住进这样的楼房，拥有更多的收入？如果愿意，就请与我们一起努力。”李世立书记的这番话并不是夸大其词。2006年年底，成都市的领导们参观调研战旗村听取工作汇报后就马上做出指示，要求战旗村了解农民对参加“拆院并院”试点项目的意愿。战旗村仅用3天的时间就完成了全村带有农户签名的入户征询意愿问卷调查表，90%的农户赞成参加“拆院并院”试点项目。这反映出战旗村干部班子的组织能力和农户对村“两委”班子的信任，对上级相关部门迅速确定战旗村作为试点项目村有正面的影响。

村民们为何能够相信村“两委”班子成员？村民们之所以信任村“两委”班子，是因为他们亲身经历了战旗村过去的发展历程，特别是20世纪70年代和90年代两次集中居住举措给村庄带来的经济繁荣，农民生活水平的提升，以及战旗村在周边村庄中获得的羡慕目光。2003年，村内两个小组的小规模农地集中试点，以及2006年几个小组内的500亩农地集中到村集体合作社后，实现了农地规模化经营，为战旗村的产业结构调整提供了发展契机，并且带来了土地流转租金的显著增加。战旗村集体的历届带头人和村“两委”班子成员赢得了大部分村民的信任，虽然在动员村民参与土地集中和具体落实拆迁补偿的过程中，也历经了各种矛盾化解和道理讲解说服工作的艰难困苦，但战旗人最终享受到凝聚共识和集中行动所带来的成功喜悦。

有不少人会认为，战旗村的成功依赖的是政府试点政策的支持，实则不然。战旗村从早期独立建村取名战旗大队开始，就靠艰苦奋斗而白手起家，靠凝聚集体力量奋力争先。政府选取试点村，首先考察的是这个村能力能否完成试点项目。“拆院并院”试点项目涉及广泛的社会利益和复杂的历史遗留及外部关联因素，因此能够不依赖政府财政拨款而成功实施的村庄并不多见。战旗村的土地集中与“拆院并院”试点项目紧密相连，农民集中居住的建设并未增加政府的额外财政负担。该项目的资金主要来源于腾换出的多余宅基地建设用地，经过复垦还耕为农地后，通过“增减挂钩”的方式从城镇部门换取土地用途市场价值的价差。也就是说，战旗村的集中居住项目建设资金是通过土地用途指标额度资源的交易获取的，不是靠政府财政拨款。什么样的村子有能力在获得这样的价差下完成试点，上级部门当然要考虑。战旗村当时在这方面恰恰处在不利的位置，地处偏僻、交通条件不好的地段，地价整体偏低。

然而，战旗村能够成功争取并实施集中居住项目的核心因素在于其拥有一个强有力的村集体领导班子。土地经营权和管理权正逐步向村集体组织集中，土地流转和农业生产规模化经营已呈现明显的集中趋势。战旗村具备坚实的集体经济发展基础，其集体企业在经过重新改制后，发展势头强劲。战旗村拥有一二三产互动发展的有利条件，具备独立解决村庄内部各种矛盾和问题的能力。在实现集中居住后，战旗村将进行产业结构调整，并且妥善安排农村劳动力的就业，以推动村庄的进一步发展。

在实施集中居住的建设过程中，设计方案、实施方案和分配方案的提出均考验着村集体的能力和智慧，同时这些方案也直接关系到项目实施的效果及村民的满意程度。建设项目完成，农民搬进新居之后又有更多的问题等待着进一步解决。村庄的发展正是这样一连串事件的不断演绎。集中居住的完成迅速推动了战旗村农地流转的显著增长。耕地流转集中到村集体农业合作社的比例从 2009 年的 60％迅速提高到 2011 年的 95％。

农民集中居住格局和生活方式的变动，以及土地的集中，共同推动了产业发展、农民就业和收入结构的变动，以及农业生产规模化经营方式的转变。这一举措，促使战旗村在农地所有权上打破了小组界限，经过社员大会讨论通过，后改为各类土地所有权统一集中到村委会。村集体迅速适应生产方式的变动，基于土地集体所有制，积极推进农村产权制度改革。出台《战旗村集体经济组织成员界定办法》和《战旗村集体经济股份化改造试点方案》，建构和完善了农业合作社，注册了战旗村集体资产管理有限公司，意味着战旗村在土地集中过程中也完善和建构了村集体经济组织的组织制度和经营制度。

正是村集体经济组织制度建设的进展使得战旗村在 2015 年 9 月完成了全省农村集体经营性建设用地入市的“第一槌”，也使得战旗村的集体经营性建设用地的价值在未来的开发利用时有了参考依据，战旗村的土地经营和产业经营方式变得更加灵活多样。战旗村集体经济的组织方式、功能分解和运行机制是建立在土地集体所有制的基础上，并且是在土地所有权和经营使用权明晰后设计出适当的集体经济组织的经营机制方式，确保集体经济组织的资源利用和开发的大方向落实在村集体手中，在具体的经营过程中，战旗村采用灵活多样的方式与社会资本进行合作，旨在最大限度地提升经营效率，并且确保经济发展的成果惠及全体集体成员。

四、同类做法

（一）山东的合村并居

山东省是我国人口大省之一（目前排名第二），传统农村分散、村庄数量众多，农村土地资源利用不均衡，并且随着城市化进程的推进和人口流动的增加，一些农村地区出现了村庄人口减少、村庄空心化、农田撂荒等问题，这导致了农村经济发展面临一系列的困难。为改善群众的生产生活环境、优化村庄空间布局、实现土地资源的集约利用，推动农村现代化进程，山东省开始实施合村并居政策。山东省曾被列入全国最早一批"增减挂钩"试点的省份，较早推行合村并居。前期，德州、聊城等地市在推行合村并居政策上力度较大，一些地区提出了"两区同建"的目标，即一方面推动农民上楼建设新型农村社区，另一方面建设工业园区，以实现农民从农业向工业的转型，成为产业工人。2020 年，山东省自然资源厅发布的《山东省村庄布局专项规划》进一步明确了山东省"合村并居"政策要求和实施要点，指出了合村并居是山东推进乡村振兴战略与打造乡村振兴"齐鲁样板"的重要举措。具体来看，合村并居指的是将邻近自然村整合起来，建立新型农村社区，并且促使农村居民集中居住在一个较为集中的住宅区内的一种新型社区建设模式。

在实践中，合村并居在某种程度上不仅没有提升村民的生活质量，反而引发了村民的不满、学者们的抵制、媒体的关注，甚至一度被叫停。这表明合村并居存在着很大的问题，这些问题主要表现在以下几个方面：一是在推进合村并居的过程中存在着“一刀切”与仓促冒进的问题。新居规划和建设缺乏公示和详尽的论证，未能广泛征求群众的意见。部分村庄甚至在没有公示、规划和论证的前提下，采用各种手段强制动员村民拆迁。如山东省聊城市某村庄，在下发搬迁通知中要求该村在一天之内完成搬迁动员，一周之内搬家腾空房屋，五天之内签订拆迁协议和进行房屋拆迁，并且根据签订协议的时间不同制定了详细的奖惩措施，提前签订协议的村民在获得奖金和选择居住序号等方面都存在优势。这种短时间内的强制性搬迁动员主要基于基层政府的政绩考量，缺乏对群众权益的充分考量，导致农民的合法财产权无法得到保障，农民的生存利益受到损害。二是合村并居的拆迁成本高昂。从政府的角度来看，合村并居搬迁成本过高导致政府难以承担巨额的垫付成本，使得政府与村民所签订的拆迁补偿协议难以兑现；从村民的角度来看，他们往往需要花费大量的资金补贴新居建设，导致许多村民背负债务入住新居，生活成本显著上升，生活质量却大幅下降。三是采取“先拆后建”的模式，缺乏明晰新社区建设的位置、规格、建成时间。这导致有些村庄的村民旧房被拆而新房却未建，使得这些村民只能寄居、租房甚至是搭建简易房暂住。例如，山东郯城前东庄村，该村在旧村整体拆迁后，由于村民安置不当和回迁延迟，导致 200 多户约 400 人无处安身，只能在本村板栗林内搭建临时简易房居住。四是给村民的生产和生活带来了不便。新型社区建成后，许多村民因距离承包地较远而面临耕作不便的问题，同时上楼后农具无处安放也成为一大难题。此外，新型社区的水电气及物业费等费用增加了村民的生活成本，部分村庄甚至出现了村民虽住进新房，却仍需在楼下生火做饭的现象。此外，新型社区式的生活价值观念与很多老人传统的以节俭为主的生活价值观念产生冲突，他们甚至调侃，“连冲个厕所也要花钱”。

这种强制性的合村并居对政府和村民造成了严重的负面影响。从政府视角看，合村并居的初衷在于获取土地建设用地指标，通过土地“增减挂钩”机制增加财政收入。然而，随着城市房地产市场的逐渐衰退，大量建设用地指标难以有效转化为地方政府的财政收入。加之政府在搬迁过程中需垫付的巨额成本，基层政府的资金链面临断裂风险，进一步加重了政府负债。此外，政府负债加重导致政府在合村并居中承诺的提高村民生活质量、提高村民收入的条件无法兑现，导致基层政府的合法性受损，信任危机加剧。从村民视角看，政府对宅基地和房屋面积的补偿价格偏低，这些补偿款既无法覆盖村民以往的建房成本，又无法支持他们购买新型社区的住宅。因此，原本旨在提高村民收入与生活质量的合村并居政策，在实际操作中却对村民的切身利益造成了损害。

参考材料

1. 中国城市报：《山东郯城：回迁迟迟未果村民在板栗林搭简易房》https://baijiahao.baidu.com/s?id=1623898703348894211&wfr=spider&for=pc。
2.《山东省农村新型社区和新农村发展规划（2014—2030 年）》。
3.《山东省合村并居（农村社区）规划指引》。

（二）四川省成都市双流区白塔社区（村）的土地变革

四川省成都市双流区黄水镇白塔社区位于牧马山腹地，辖区总面积为 5.31 平方千米，其中耕地面积为 4 435 亩。该社区下辖 10 个居民小组，共 8 个小区院落（包括 1 个商品房小区），户籍人口为 2 215 户、5 739 人，服务人口达到 9 396 人。社区党委下设党支部 4 个，党员 148 名。2013 年，该社区的人均纯收入为 20 038 元。2021 年，社区集体经济收入达 400 万元，居民人均纯收入增长至 5.1 万元。

白塔社区距成都市区20 000米，距成都双流国际机场10 000米。2012年以前，白塔社区是白塔村，古蜀国蚕丛王都城瞿上所在地。古蜀国蚕丛时代的农耕文化，可追溯至4 500年前，与7 000年前的河姆渡文化、5 000多年前的仰韶文化共同构成了中国农耕文化的三大主要来源。

白塔社区是白塔村历经2004年、2012年、2020年三次合并形成的。2004年，燕子村并入白塔村。2012年，城市折迁中部分城市居民安置到白塔，白塔村改为白塔社区。2020年，双流的纯城社区曾家店又并入了白塔社区。目前，白塔社区的户籍人口中，仅有300余人拥有城镇户籍，其余人口仍为农业户籍。白塔社区的10个居民小组进一步细分为17个小队，这些小队均源于2012年前白塔村众多生产小队的合并。在这17个小队中，有16个小队仍保有农用地。在拥有农用地的16个小队中，有4个小队进行了较为活跃的农地经营活动。可见，白塔社区居民的主体是农民，而非城市居民，因此，该社区应归入城乡接合部的涉农社区。社区集体的代表是白塔社区股份经济合作联合社、瞿上新村土地股份合作社这两个集体经济组织。

白塔社区自2016年以来，通过集体组织发起土地整治、土地置换、为居民建新居等探索，将国家对集体经济的支持资金入股本地资本，打造“板坡良舍”农耕文化主题民宿酒店，集体与居民合股建设共享超市，以多种经营方式形成“业兴、家富、人和、村美”的新格局。

现在的白塔社区内，有中小学、幼儿园、福利院等10余家单位和机构，农贸市场和便民市场各有1家，农家乐十几家，精品主题民宿1家，社区经营个体户190多家。“假日经济”正在成为白塔社区社会经济发展的新增长点。近年来，白塔社区获评成都市先进基层党组织、成都市党建引领城乡社区发展治理示范社区、首批成都市乡村文化振兴样板社区，其中，白塔社区瞿上新村获评成都市百佳示范小区，帅家院子获评成都市十大川西林盘年度消费新场景。

1. 集体进行土地综合整治，为居民建新居

白塔社区的集体经济发展史，要从白塔村说起。20世纪80年代，在乡镇企业异军突起的年代，白塔村的集体经济很兴旺。有集体砖厂、油厂、餐厅、煤厂、面粉厂等。然而，在土地承包、分田到户政策实施后，村集体的决策影响力减弱，集体企业被承包给个人，承包费用难以收取，导致村集体经济陷入瘫痪甚至消失的状态。2001年，肖道全在危难之际出任村支部书记，之后连选连任到现在。当时，白塔村集体账面上存在数十万元的承包费用无法收回，同时，还有超过20万元的账款处于赊欠状态。村集体甚至无法拿出200元的

现金。尽管那时白塔村村民住房已经算不错，都住上了砖瓦房，但村民对标周边迁新居、城镇化的村庄，渴望自己也能过上更好的生活。

自20世纪90年代开始，当地政府将白塔村纳入新的发展开发区计划，为此还限制村民乱修乱建。然而，历经20余年，尽管双流区多次推进社会主义新农村建设，白塔村却未能及时跟上步伐，未能满足村民对于改善居住条件的期望。2012年，白塔村改为白塔社区，4.4平方千米的面积大部分归为城市规划管辖，但其中的1.5平方千米划归生态区，还得按照农村的办法处理。2016年，随着新农村建设进入高潮时期，成都市与双流区相继出台了多项鼓励政策，鼓励集体与农户在协商一致的基础上，探索自我设计、自我决策、自我管理的创新路径。白塔社区瞄准此时机，党支部、居委会主动申报了“双流区腾退安置建新居”的土地综合整治试点名额，开始了社区的自主营造。

自此，白塔社区在1.4平方千米的生态区内，统筹谋划新居建设，集体经济借势发展，终于形成了新格局。

这块生态区域内有175户农户，共535人，宅基地面积218亩。为实现自主营造：第一，将所有宅基地统一收归集体所有，进而实现部分宅基地用于居民安置，剩余部分则通过挂牌上市，利用土地市场置换资金以支持新居建设。第二，鉴于挂牌上市过程可能较为缓慢，为确保新居建设能够同步进行，必须筹集足够的银行贷款资金。集体经济建设用地因持有土地证，成为获取银行贷款抵押物资格的唯一合法途径。第三，为确保居民房建设资金充足，不应仅依赖土地出让挂牌上市所得资金，还需制定并实施有效的兜底措施。

白塔社区“两委”对土地利用进行了详尽且周密的计算，为安置535人，房屋建设预计需占用超过52亩的土地，从原有的218亩土地中扣除上述用途后，剩余土地面积超过159亩，需向市规划局申请更换土地证，随后向银行申请抵押贷款，以160亩土地作为抵押，预计可获批6 000万元的贷款额度。然而，关于贷款的偿还资金来源，尚需进一步规划明确。

2016年试点启动时，经过535人的集体深入讨论，大家普遍关注并提出疑问：宅基地在腾退并集约给集体后，若无法实现对价或价值较低，应如何应对？针对此问题，白塔社区“两委”积极向双流区政府反馈，随后政府迅速响应，出台了专项政策。该政策明确规定，对于腾退出的村集体经营性建设用地，若无法在市场上实现合理对价，将由政府指定的土地平台公司以每亩50万元的价格进行统一收储。有了政府的政策支持和信用背书，居民的工作好做了，贷款也好办了。白塔社区按照这个价格标准，160亩地可从银行贷款8 000万元。

经白塔社区集体的精打细算，借贷4 500万元就足够新居建设了。于是社区“两委”就以此为基础换证、贷款、动工建新居，经2017年全年的努力，2018年老百姓就住上了新居。

此事尚未完结。双流区，作为全国百强区（县）之一，当时还实施了一项政策，针对安置居民的小区，政府按照人头提供双1万元的补助，其中1万元用于补助集体的基础设施建设，另1万元则用于补助村容村貌的改善。白塔村共安置了535人，并且因此获得了超过1 000万元的补助资金。此外，每当安置区内启动一个新的项目安置点时，政府都会提供50万元的补助资金。白塔社区成功启动了两个安置点，并且因此获得了100万元的补助资金。

为了促进双流区乡村的全面发展，区政府特设基金池，旨在支持各方合理统筹与高效利用资金。白塔社区经过一番努力，从区基金池里借了4 400万元，用这些钱还了之前建新居欠银行的4 000多万元的贷款，此后用建设用地入市交易获得的资金去平账。

白塔社区安置项目推动了社区环境的改造，集体经济的壮大，让居民得到了实实在在的利益：建好的新居，每人按35平方米的标准，用原来的院落和房屋置换，不用给社区钱。这一过程被称为资源资产的“互换”机制。当时，每位居民被分配了50平方米的新居面积，若超出此面积，超出的15平方米则须按每平方米1 200元的优惠价格进行支付。最终，包括房屋建造成本、环境评估及绿化费用在内的总成本，平均每平方米约为 2 300 多元。

2. 建设用地入市

在扣除白塔社区新居安置所需的 52 亩地及政府因修路占用的 40 余亩地后，白塔社区集体尚结余建设用地超过 118 亩。如何将集体结余的建设用地指标有效转化为可供村集体及村民实际利用的资产？将土地推向市场，实现资源向资产的转化，是达成这一目标的重要途径之一。然而，土地入市的前提在于土地产权必须明确归属于村集体。值得注意的是，当时迁入新居的农户仍保留其宅基地的经营权。因此，需要将这些宅基地的经营权统一收归村集体所有，实现所有权与经营权的统一，方能使土地具备入市交易的条件。综上所述，村集体首要任务是推进宅基地土地经营权的统一确权工作。

白塔社区“两委”首先回收了属于居民个体的宅基地确权证书（“小本”）。随后，以集体经济的名义，他们向区自然资源和规划局申请统一确权，将这些宅基地的产权确认为村集体建设用地，从而将农户个体的小确权证书（“小证”）统一替换为村集体组织持有的大确权证书（“大证”）。这一“小本变大本”“小证变大证”的变更过程，实质上标志着白塔社区从小农户向大集体的转变。最终，经过成都市相关部门的验收，白塔社区获得的集体建设用地大确权证书所代表的面积为 118.9 亩。

接下来，白塔社区集体将致力于整体规划和产业规划的制定，该规划需获得双流区规划委员会的认可。白塔社区的规划方案于 2019 年提交，并于 2020 年正式获得批准。在社区发展布局方面，除了遵循法律法规外，政府还需加强规划空间的管控、用途的严格管制，通过政府许可和政策指引来确保发展的有序进行。

2020 年，白塔社区以居委会为主体，在农业产权交易所（以下简称“农交所”）成功挂牌了两宗经营性建设用地，这两宗土地的总面积为 25.43 亩。其中一宗地的市场评估价是每亩 103 万元，另一宗地的市场评估价是每亩 104 万元。最后，这两块地的成交额是 2 600 多万元。入市成功后，白塔社区集体经济组织给农交所缴纳了 20 万元的土地交易鉴证平台服务费。招标成功并签订协议后，中标方将款项直接汇入成都市农业产权交易所的指定账户，随后由该交易所将款项转入社区集体经济组织的账户中。双流区和郫都区不一样，没有再缴纳一笔土地调剂金和其他相关税费。

白塔社区经营性建设用地入市操作的程序和流程如下：首先，需由居委会组织并召开集体经济成员大会，确保 2/3 以上的集体组织成员同意将这两块地纳入经营性建设用地市场。然后，要进行土地价格评估才能上产权交易平台。上产权交易平台进行鉴证交易之前，竞拍方的产业规划必须经过区规划委员会评估和审核。在区规划委员会审核通过后，需进一步提交至区土地管理委员会审议。区土地管理委员会审议通过以后，区自然资源和规划局会根据土地管理委员会的会议纪要，出一份蓝线图。这些步骤都完成了，竞拍方才能在产权交易所参与产业招标竞拍。

当时中标的是一家培训学校。该学校准备筹建一个培训基地，在村里做文创产业。该学校要求基地可以容纳 2 000 多个学生，还有 200 多名老师。培训学校的选建显著促进了地方消费，不仅学生本人，其家人也可能成为消费的主力军。截至 2023 年 7 月底，涉及学校地块（面积为 25.43 亩）的中标资金已成功汇入白塔社区集体账户，而另一块面积为 57 亩的地块正处于审批流程中。

（注：本案例基本情况和主要数据资料来自北京农禾之家咨询研究中心研究组调研组成员 2023 年 8 月赴白塔村的调研，其他一些情况来自下面的参考材料。）

参考材料

赵守飞，王龙泉，王先祥. 新型农村集体经济振兴之路. 南昌：江西教育出版社，2023。

五、邀你共议

1. 战旗村为什么要推动农地经营权从分散在各家各户到集中到村集体手中？农地经营权集中的好处是什么？

2. 农地集中、居住集中、产业发展、村庄发展与村集体经济发展有无关系？如果认为它们之间有较大关系，那是什么样的关系？战旗村为什么那么注重把所有不同类型的土地资源经营管理权集中在村集体手中？

3. 同属于成都市的农村区域，战旗村与白塔社区的村集体经济组织形式和产业经营有什么相同与不同的地方？对比这两个村不同的集体经济组织构架和经营运作形式，你认为发展壮大集体经济最重要的核心理念有哪些？

4. 山东省的合村并居和战旗村的居住集中在做法与组织方式上有什么不同？

第三章

通过土地和资源的统一经营重建集体

一、背景导入

战旗村在解决如何在家庭承包制改革基础上更好利用集体土地的问题时，找到了经营权集中的方法。接下来的问题就是如何对土地进行相比之前的分散使用状态更为有效的集体经营。本章旨在探讨战旗村在参与城乡建设用地“增减挂钩”政策、通过“拆院并院”实现集中居住后，如何积极探索集体土地和资源统一经营的多元化模式，进一步分析这种实践探索如何促进了新型集体的重构及新型集体经济的蓬勃发展。土地经营权的集中和对土地如何进行集体经营并不是完全分开的实践过程，很多时候是前后继起甚至合为一体，因此，本章仍会提及前两章提到的事件，但会更多从对土地的有效经营角度展开论述。

此处所指的集体土地统一经营，是指针对全村地域范围内土地的统一管理与运营。我国自秦汉以来实行农地自由地主私有制，对土地的经营本来就是农民从事农业的主要内容。然而，实现全村全部土地的统一经营，进而推动全村的整体发展，这一目标的普遍实现，是在中华人民共和国确立农村集体土地所有制之后方成为可能的。对全村全部土地进行统一经营，在全村全部土地只归属一个主体的情况下更容易实现。在自由地主私有制盛行的漫长历史时期中，尽管勤劳与家庭内部的组织性对于土地经营规模的扩展起到了一定作用，但鲜有能达到全村规模的情况。仅在极少数村庄中，通过家族与村社力量的紧密结合，方能促使单姓村庄或由村中主导性家族引领，实现全村土地的统一利用，进而推动全村村民的整体发展。实现土地经营规模逐步扩展到全村的过程往往历经不止一代、两代人的时间。在土地私有制背景下，实现全村土地由一个主体统一经营，难度颇大。中华人民共和国成立以来，农村确立了土地集体所有制，这标志着中国历史上首次建立了由全村所有村民共同组成的集体经济组织，该组织拥有全村土地。自此，对全村土地及其他生产要素进行组织管理，以及对全村土地和资源的经营利用得以全面展开。在经历了集体化时代的集体劳动、集体经营的探索之后，以家庭承包经营为基础的双层经营体制成为村庄土地经营的基本方式。集体化时代的探索与改革开放后实施的双层经营体制，在土地经营方式上虽存在显著差异，但二者之间亦展现出内在的继承性。这种内在的继承性就体现在集体统一经营目标的延续上。集体仍然也要继续履行集体经营职能、实现全体村民整体发展目标。对土地的统一经营如何在土地已经大部分乃至全部由家庭承包经营的基础上进行？统一经营除了为农户家庭的土地经营提供生产性服务之外，有无可能对村庄建设用地进行统一经营？在农户土地经营权流转逐步扩展的情况下，集体统一经营农地的方式能够进行怎样的创新？这些都是在以村庄的集体土地所有制的制度为基础实行了家庭联产承包责任制之后，继续实行集体土地的统一经营时应重点考虑的问题。

战旗村通过在实践中积极回应上述问题，对土地和村域资源的统一经营模式进行了深入探索，并因此脱颖而出，独树一帜，成为全国范围内少数成功靠更加有效地对集体土地的集体经营而走上可持续发展道路的村庄之一。

二、战旗实践

土地集中与村域资源的统一经营，是对战旗村在合理开发及利用土地资源方面所采取策略的精辟总结。土地集中指的是将土地和村域资源的经营权掌握在集体手中，创新集体对土地的经营方式，寻求实现村庄自主发展和可持续发展；村域资源统一经营指的是，在创新以土地为主的村域资源经营方式的过程中完善集体经济制度，形成在市场经济条件下有效运作的集体经济制度，支撑村庄自主发展和可持续发展。战旗村的具体做法包含以下内容。

（一）集中以土地为主的村域各类资源，明确集体所有权、集中土地经营权

1. 面对家庭承包制和企业股份合作制对集体统一经营的冲击

战旗村自 1965 年建立生产大队之初，便开始了对如何更有效地利用村庄土地进行了探索。在当时的生产力条件下，生产大队不仅肩负着国家的粮食生产任务，而且还承担着确保全体社员温饱及基本生活需求的重任，其中，保障农民的基本粮食需求是首要任务，而农业生产的推进则是实现这一目标的关键。战旗村积极响应国家号召，参

与“农业学大寨”运动，通过改善农业生产条件，逐步构建了一个由村党支部统筹规划、民兵连引领突击、全体社员积极参与的长效机制。同时，该机制融合了集体凝聚力激发、多元化生产责任制、群众路线工作方法及干部群体承担发展重任等要素，共同推动了战旗村在20世纪70年代实现农业与副业并行发展，并且确立了大队一级核算的集体经济发展模式。这种集体经济发展体制，充分实践了集体经济制度自身具有的发展优势，贯穿了战旗人不断改造自身的实践。

推行家庭联产承包责任制这一激烈的农业生产体制变革，使得战旗村农业生产的格局在20世纪80—90年代发生变化，也改变了集体经济发展的路径。在农业经营领域，家庭经营得到了充分发展，集体统一经营则逐渐萎缩。农户通过承包集体所有的土地，完成国家任务和集体提留后，所得收益归家庭所有。随着政策的不断调整，家庭逐渐成了拥有土地承包经营权的独立经营主体，而农业领域中集体经营的范围则大幅度缩小。在村集体停止收取土地承包费，并且因分散经营导致的农业基础设施损毁问题无力解决后，集体的统一经营在农业经营领域中的主动作用基本丧失。这一现象反过来影响了集体土地权益的实现，使得集体难以干预农户私下的土地流转，进而导致了土地撂荒和低效利用情况开始出现，村集体从农业中获取的收益也趋近于零。

在集体的非农经营领域，村办企业资产于21世纪之初面临了可能承受沉重债务风险的严峻挑战。在20世纪80—90年代，与农业经营方面集体统一经营萎缩同时发生的是村办企业的接续发展。战旗村村办企业承接其在70年代的先行发展势头，依托由先进村荣誉带来的村庄与政府的良好关系，继续保持着良好的发展。随后，随着企业经营体制由承包制向股份合作制的转变，集体在经营企业资产时出现了管理不善等问题，导致集体资产严重流失。到了2000年左右，村集体收到的企业上缴利润分成大幅度减少，部分企业出现负债，村办企业的集体经营走到了危机四伏的十字路口。

上述两方面的变化相互交织，导致战旗村集体经济的发展陷入了前景不明朗、实力薄弱的困境。集体经济还要不要继续推行？集体经济发展的前途在哪里？成为摆在战旗村面前的严峻课题。

回答这一课题的举措是，2002年商议、2003年实施的村办企业由股份合作制改制成租赁制的改革。这是村集体为遏制集体经济大规模流失而采取的自救行动。作为村集体发展的核心力量，村党支部致力于扭转村集体与村办企业发展相背离的趋势，努力解决村庄内部各类群体关系中出现的矛盾和断裂问题，以化解危机。企业改制的初步成功为村党支部提供了契机，使其能够全面总结分田到户以来20年的发展历程，并且据此重新构建更具战斗力的村庄集体经济发展领导机构和发展体制，以更科学地规划村集体未来的发展方向。

2. 集体重获农地统一经营权的过程和意义

在探索集体经济发展的新路径时，村集体应如何制定发展策略，以在经历挑战后实现稳健成长与强化？尽管通过企业从股份合作制向租赁制的转型，集体成功掌控了 420 万元的资金，将固定资产进行租赁，有效防止了集体资产的进一步流失，村集体也得以每年稳定地获取收入。然而，企业经营仍面临风险，导致每年集体经济收入的增长仍很有限且农户经济与集体经济的融合程度不高。

为集体经济的进一步发展探索并确立一条切实有效的可持续发展路径，是战旗村村“两委”班子在企业改制后所面临的首要且严峻的课题，也是他们必须深入思考和解答的问题。所谓集体经济发展的切实有效的道路，就是如何让本村村民依托村集体经济的发展，有稳定的就业和生计模式，生活有保障并不断向好。这是立足村庄本位的发展观，也是村集体思考问题的正确立足点。

聚焦有效利用村集体所有的土地资源，是村集体在成功扭转集体资产流失困境后所做出的关键性决策。由此，对土地的经营又一次回到村庄发展的枢纽位置上。

2003 年，在决定实施农地集中之前，村干部通过外出参观学习，深刻认识到在全国集体经济名村的成功案例中，集体经济发展业绩与村集体掌握土地经营权之间的紧密关联。战旗村的主要干部意识到，该村农业用地的分散化经营模式与集体经济发展的需求之间存在明显矛盾。理论上的双层经营体制中的统一经营在现实中是缺位的；分散经营的农户并不会自己推动集体为其提供服务，集体如果没有有效的方法也并不能很好地发展出服务的能力；农地的分散经营成为阻碍全村土地资源统一利用的首要障碍。

2003 年，为解决农户分散经营引发的问题，战旗村党支部希望能够让全村每个人交出 3 分土地由村集体经营。该决策得以尝试实施的客观基础在于，农户间已自发开展了土地流转活动。当时，部分村民已完全脱离农业生产，他们选择将自家的土地流转给邻居和亲戚进行经营，而接收土地的农户则专注发展专业化的蔬菜生产。对流出土地的农户来说，如果村集体给他们高一点的租金，他们是愿意将土地交给集体耕种的。然而，已流转的土地及不愿意继续耕种的农户地块与仍愿耕种的农户地块相互交织，难以整合成更大规模的连片地块。为实现土地集中的目标，需要将愿意继续耕种的农户集中到特定地块，同时将不愿耕种的农户地块统一交由集体经营，方能达成预期目标。经过村集体的统一动员，5 组、7 组和 9 组的组长愿意去做本组村民的工作。最终，土地质量较差且区位相对不利的 5 组和 7 组村民同意每户让出 3 分地交由集体统一经营，两组共让出约 50 亩土地归村集体所有。

村集体获取并整治了两个集中的地块后，将其出租给大型农户，此举使农户们认识到了集体主导土地经营权所带来的益处。第一年，两块地块的租金分别为每亩380元和480元。次年，集体对土地的配套基础设施进行了优化升级，因此租金提升至每亩500元至600元之间。租金收入在扣除为两个组农户缴纳的农业税之后，剩余部分作为该组的年度收入，由村集体代为管理和分配。2006年取消农业税以来，租金在5组和7组内按照人头平均分配。这样在农户将自己的部分承包地流转给村集体之后，村集体重新获得了对流转农地的集体经营权。这一操作的重要性在于，由集体重获对农地的经营权之后，集体经营实现了高效利用，表明集体经营土地比家庭经营带来更多的收益，带来了农户流转更多土地的经营权给村集体的可能，村集体借此开始走向将村域土地和村域资源统一经营的道路。

2006年下半年，当地政府开始推动“土地向规模经营集中”，战旗村参加了由农发部门实施农田基础设施建设补贴项目，加上村集体非农收入自2003年逐步实施企业租赁制以来收入不断提高，有了抵御更多农地流转进行集体经营的抗风险能力。村集体提出了对农户更为有利的土地流转机制。村集体提议成立土地股份合作社，农户可以以具体地块的经营权入股，合作社采用“保底+分红”的分配模式，其中保底收益参照当时土地租金水平，设定为高于平均租金的 720 元/亩。对于每亩可分配收益超出 720 元的部分，村集体与农户将各获得 50%的分配，保底收益采用预付的方式，由此吸引了农户将共 500 亩的土地入股到合作社。县农业资源开发部门花费 300 多万元为集中的农地修建了沟、路、桥等基础设施，受益土地面积达战旗村全部农地面积的一半。合作社对外租金，2007 年为 900～1 000 元/亩，2018 年达每年 1 200 元/亩，其后不断增加，最高时达到 2 200 元/亩，目前稳定在 2 150 元/亩。

2003 年集体流转的 100 亩和 2006 年集体流转的 500 亩土地，均涉及农户土地经营权的流转，然而，两者采取了截然不同的流转方式。具体而言，2003 年采取了出租的方式，2006 年虽然在形式上表现为入股，但实质上更接近于“出租 + 分红”的模式。值得注意的是，2003 年的租金水平并未与土地市场进行明确的比较，而 2006 年的租金水平则能够与市场租金进行比较，并且处于较高水平。

集体获得农户土地的经营权后，拥有了对成片土地的经营权，其采取的经营方式有对外出租和自营两种。不管是哪一种经营方式，都可以视为由集体统一经营农地。以往，农户承包集体土地后，在完成国家任务和集体提留的缴纳后，享有完全的经营自主权，集体对农户的经营方向和品种并无直接干预。随着农户不再需要上缴承包费，并且获得了法律认可的承包经营权作为用益物权，家庭分散经营逐渐被视为集体土地上的一种独立经营方式。而如今由集体重新拥有了独立行使的集体经营权：农户向集体流转土地经营权之后，农户保留承包权，集体凭借整合起来的土地经营权，对已经不再标明特定农户的特定地块，经营权直接和整合起来的成片地块联系。这意味着在集体和农户的土地经营权流转契约之上，集体又重新拥有了独立行使的集体经营权。农户的承包权和经营权分离了，而且分散的经营权被整合成了集中的经营权，由集体行使。然而，当时实际拥有并行使这一集体经营权的主体，并不是在村庄治理中代行村集体经济组织职能的村委会，而是战旗村于2006年成立的蔬菜专业合作社，该合作社虽以专业合作社的名义存在，但实质上是一个具有对集体农地行使统一经营权、带有集体经济性质的准集体经济组织。战旗蔬菜专业合作社不是由专门生产蔬菜的农户或提供蔬菜生产服务的农户和其他主体组成的专业合作社，而是实际上行使集体对农地进行承包管理、协调农业生产和进行农业收益分配的集体经济的经营组织。

2007年9月11日，郫县县委正式颁布了《关于推进农用地向规模经营集中以促进农业产业化快速发展的意见（试行）》，该文件明确指出了推进农用地向规模经营集中的重要性。此外，郫县县委还实施了土地流转奖励政策，旨在激励村和组两级组织，积极动员农户采取土地入股等方式，组建农民专业合作经济组织，以实现土地的规模化流转。对于流转面积达到 1 000 亩以上且流转期限超过 3 年的情况，给予该集体经济组织 5 万～10 万元的奖励。基于政府这一激励性政策，战旗蔬菜专业合作社在 2009 年村民集中搬迁并入住新居后，利用老宅整理复耕的契机，积极动员村民将土地流转给合作社。

2007 年起，村集体实施的集中居住政策，进一步削弱了农民耕种自有土地的意愿。2009 年 9 月，合作社成功集中流转了 1 097 亩土地，这一面积约占全村耕地面积的 60%。2010 年 8 月 21 日，战旗村正式发布了《土地集中实施办法》，该办法提出，在推进“拆院并院”、集中居住的过程中，原宅基地将被整理为耕地，原宅基地使用者将不再享有其使用权，而是由集体统一纳入承包地面积，参与承包地的确权分配，确保全村范围内承包地的统一人均确权。此外，该办法还明确规定，本村农户的承包地（含还耕后的宅基地）及自留地将被纳入战旗蔬菜专业合作社进行统一经营管理，采用“保底 + 分红”的效益分配机制。对于不愿入股的农户，将根据其确权面积由全村统一另行分配土地，但此类农户将不再享受因土地而产生的额外收益。

2010 年战旗村发布的《土地集中实施办法》意义极为重大。第一，该文件明确了复垦后的宅基地原使用者将不再享有使用权，并且复垦后的土地将重新纳入全村承包地范畴，这标志着村集体已收回原老宅基地使用者的使用权，并对土地利用形态进行了全面重新规划。此举体现了村集体作为全村各类土地所有者的角色，在全村土地利用形态上的统筹规划权，同时，在集中居住政策实施后，也进一步彰显了村集体在分配全村集体成员宅基地使用权方面的权利。第二，该文件提出了对承包地进行全村统一确权的措施，这标志着在打破宅基地与承包地原有分类界限的基础上，对承包经营权进行了重新分配，彻底废除了原各村民组依据各自承包经营权现状及人口变动情况进行承包地调整的权利，实现了全村承包地发包权的集中统一。第三，该文件还规定了本村所有农户的承包地和自留地可入股至村农业股份合作社，此举并未剥夺农户的承包经营权，而是在保持农户承包权与经营权分离的前提下，实现了对农户经营权的集中管理。不愿意将土地流转给集体、以入股方式取得“保底+分红”收益的农户则完整保留了自己的承包经营权。

在承包地和自留地入股到村农业股份合作社的做法上，2010年战旗村发布的《土地集中实施办法》区分了两类集体成员的不同权利。一类是同意将原有宅基地复垦并纳入全村承包地的范围，接受重新确权，将重新确权后的承包地和自留地入股至村农业股份合作社，由合作社统一经营的集体成员。另一类则是未自行拆除的宅基地但同意集体进行复垦并纳入全村承包地范围，并且不同意将实际由自家利用的承包地和自留地入股至村农业股份合作社的集体成员。前一类成员从 2011 年 1 月开始，每月领取 30 元养老补助金，后一类成员则需要待全家入股后再发放养老补助金。

对两类成员实施差异化待遇，有效促进了成员将承包地和自留地入股合作社的行为。截至 2010 年年底，合作社已集中土地约 1 600 亩，占全村耕地的 80%。至 2011 年年底，合作社集中土地达到 1 820 亩，占全村耕地的 95%。2019 年年底，合作社共运营管理 1 937 亩农地，1 670 人入社，占全村确权人数（1 704 人）的 98%。

政府随后对战旗村实施集中经营权后的统一经营模式，采取了多种政策奖励与补贴措施。对政府而言，此举促进了农业产业结构的调整及规模经营政府支持项目的有效实施。对战旗村村集体来说，减少了集体农业合作社运营的成本，增加了收益，进一步增强了对入社的集体成员的吸引力。

3. 集体重获宅基地统一规划权和分配权的做法和意义

宅基地利用不合理也是很多村庄土地不能做到合理利用的一大问题。在众多村庄中，分户经营导致村集体对村庄治理的掌控力减弱，同时村民自治机制在部分村庄中趋于形式化，未能有效实施宅基地的一户一宅原则及保障集体经济成员间宅基地使用权利的平等性。此外，人口外迁后新建住宅而不拆除旧宅、村民居住区规划缺失及基础设施建设不足等问题普遍存在。尽管战旗村未出现显著的人口外迁现象，但依然存在部分农户一户多宅或多占宅基地、居住布局杂乱无章及部分宅基地闲置等问题。

战旗村所在的地方政府也一直关注这一问题。村庄宅基地利用不合理不仅导致农村建设用地利用效率低下，而且还侵占了宝贵的耕地资源，从区域发展格局的视角来看，这同样是资源利用低效的一种体现。在国家通过建设用地指标控制手段，以遏制地方盲目扩张城市规划和建设倾向的背景下，地方政府已将如何更有效地利用农村宅基地纳入区域整体发展、城市建设和城乡一体化发展的战略规划之中。在这方面如何进行政策和实践创新就显得非常关键。

2005 年 7 月 19 日，郫县人民政府发布《关于开展农村“拆院并院”试点工作的意见》，要求积极探索农村集体建设用地的利用方式，盘活、用好农村集体建设用地，试点将分散居住的农村居民集中到规划的城镇、中心村或聚居点居住，从而将整理的耕地向规模经营集中，将置换出的建设用地向城镇和工业集中发展区集中，以缓解建设用地紧张的矛盾。“拆院并院”整理后新增的农用地，在获得农村集体经济组织 2/3 以上成员或 2/3 以上村民代表的同意，并且经镇人民政府审核通过后，可依法流转用于农业产业化项目，流转所得的收益归农民集体所有。2006 年下半年，战旗村村干部带队去长林村参观，该村在郫县率先试点“拆院并院”。当时的村党支部书李世立、村民委员会主任高德敏高度重视长林村试点中显现的村集体发展的机会。他们认真研究了有关文件后认识到，参与“拆院并院”试点是推动战旗村做整体规划、改善村民居住条件，以及村里正在推进的农地集中、企业升级和引进等工作相互促进的一次良机。

在全面理解政策并深入思考村情及发展规划的基础上，战旗村村“两委”敏锐地把握住了机遇。2007 年春节前，成都市委书记来战旗村视察工作时，李世立详细阐述了战旗村在“拆院并院”过程中制定的村庄发展规划，以及产业发展与村民就业方面的具体设想，这些设想得到了时任成都市市委书记的认可。借此契机，战旗村成功申请了“农村新型社区建设项目”，开始进行村民动员、选址规划、设计房型、配合施工、分配房屋和复垦等一系列工作。

“农村新型社区建设项目”涵盖了一系列针对村民的组织和动员工作，以及与各级政府的实施方案的讨论和磋商，同时涉及与设计单位、建设单位的协商与谈判。在这一过程中，战旗村之前积累的干部工作能力、党组织战斗力和村民对村庄发展大局的认识等都得到了进一步锤炼。自 2007 年 8 月项目正式启动至 2009 年年底基本完成入住，战旗村新规划的集中居住社区成功安置 469 户共计 1 655 人，实现了 96%的集中居住率。在这一过程中，战旗村将 208 亩建设用地整理成耕地后，节约下来的建设用地指标调整到郫都区的城市规划区加以使用。

实现农民集中居住、节约土地资源，是战旗人在集体化时代就已萌生的梦想；更新住宅样式，使每户村民都能住上更加牢固、功能更加合理的住房也是村党支部试图努力的方向。由于财力和当时社会经济条件的限制，战旗村曾在 1975 年和 1996 年两次对部分小组的农户进行了集中居住点的规划与建设。在这次农村新型社区建设试点中，战旗村有关村域土地分区布局和全村土地利用整体规划的思想也越来越明确。

由于实施了通盘规划，并且借助农地集中带动了宅基地的集中，宅基地的利用被成功纳入村庄土地利用的总体布局之中，有了合理集中利用宅基地的实际成效，村集体赢得了村民的信任，为村集体谋划更深入的土地利用改革积蓄了能量。

战旗村已建成农民集中住宅小区，旨在确保其在未来 20 年内保持先进性，目前绝大多数农户已搬迁入住，同时，原宅基地已有效复垦为耕地。此举为农民承包地和自留地的进一步集中创造了条件。在战旗村，一定范围内的土地集中是实现集中居住的前提条件，而集中居住模式的实施，则为战旗村继续深化土地集中提供了坚实的保障。

在宅基地集中和新住宅小区安置的过程中，战旗村村“两委”根据当时的具体情势，成功打破了历史上各成员宅基地实际占有不均的状况，真正实现了“一户一宅”和居住权的平等。这一举措意义重大，它意味着，村集体凭借着对于未来发展的方向把握、规划制定的权力，以及对实现未来规划的执行力，巧妙地使村集体成员在村集体成立之前就具有的宅基地占用不平等，以及在中华人民共和国成立以后的不同阶段逐步发展起来的宅基地占用不平等，在战旗村不复存在，村集体经济组织的成员平等性得以进一步增强。也就是说，作为村集体经济组织，战旗村内部的成员平等又一次得到了推进，为下一步动员村民投身面向未来的产业发展和人居环境改善积累了信任。

4. 推动经营性建设用地的经营权回归集体的做法和意义

战旗村和全国其他村庄一样，是通过兴办集体企业形成经营性建设用地的。一开始企业实行承包制，后来战旗村在 20 世纪 90 年代跟随全国形势采用股份合作制，形成村集体占 50%股份、农民职工和企业管理者占 20%股份、企业占 30%股份的局面。在村集体与集体企业之间，缺乏明确的制度保障，导致村集体难以确保对集体企业的控制权，无法充分掌握其经营状况，也无法确保随着企业的成长获得相应的利润。这样就使得集体企业的利润有流失的危险，特别是在部分企业经营状况不佳时，出现了集体企业领导人利用这一时机，侵蚀集体资产的现象。长此以往，村集体所创办的众多集体企业的资产将逐渐贬值，甚至导致村集体从中获得的收入为零，更有甚者背负沉重的债务。从经营性建设用地的收益来看，也就会趋向零乃至负债。面对这一危机，战旗村时任村支书李世立与村民委员会主任高德敏迅速行动，通过有偿转让的方式，将企业职工和经营者的股份全部转让给村集体，实现了村集体百分之百持股。同时，他们拍卖了价值 420 万元的流动资产（主要以中间投入品为主），使村集体完全掌握了集体企业的固定资产所有权，重新获得了大量现金形式的流动资产。之后，对企业固定资产实行租赁制，将大约 300 万元的流动资金盘活，以 10％的年利率贷给效益好的企业使用。此举使村集体重新获得了对集体企业资产所有权的控制，并且重新掌握了对企业生产经营重大决策的控制权、监督权及企业经营收益的分享权。村集体企业的经营管理者的角色逐渐转变为专注于村集体资产经营的职业经理人。由此，村集体企业经营性建设用地及其之上的集体经营性资产的经营利用目标重新回到为发展壮大集体经济服务的方向上来。

企业改制的成功维护了集体资产，这表明集体经济重新获得了对经营性建设用地上形成的土地资产，以及通过集体积累形成的设备资产的控制权。过去集体经济处于崩溃边缘的根本原因在于集体所有权行使的合法性被忽视，导致集体失去了对集体资产有效利用的控制权。

在土地集中逐步扩大的实际成效中，村集体认识到对村庄土地进行统一规划以实现村民集中居住的重要性。郫都区成为土地制度改革全国试点区县后，战旗村借助对相关改革要求和目标的学习，抓住政策机遇抓紧推进建设用地集中，利用“增减挂钩”政策，实现了四川省集体建设用地入市改革的“第一槌”，落实了村庄自主规划村内全部土地的权利，获得了对集体建设用地的统一经营权。在此之前，村庄对建设用地的利用虽未过多受政策的限制，但土地主要限于自我使用，并未涉及与外部主体的交易活动。而此次是真正让集体建设用地上市交易，村干部和群众看到了集体建设用地的市场价值，更加珍惜建设用地，更加看重对建设用地的合理规划与使用。同时，也开启了村集体的进一步思考，在建设用地有价的前提下，如何对建设用地开展经营，实现建设用地的更多市场价值和对村庄发展更强有力的支撑和推动。在推动宅基地集中和建设用地上的企业经营权的集中时，村庄规划的思想逐步萌芽。

农地、宅基地、经营性建设用地等“三块地”的经营权改变原来土地分散利用的形态，重新集中到集体手中，一方面会增强集体经济创造集体经济收入的能力，另一方面会增强其经营能力，从战略规划、组织建设和经营体制上提出进一步的要求。如前所述，土地经营权的集中与土地经营是紧密相连、不可分割的。在这一进程中，各类土地经营权的集中是战旗村重建集体和集体经济的关键步骤，随后展开的农地、宅基地及经营性建设用地的经营同样具有重要意义。对于通过土地经营及其他相关资源经营所形成的资产，需要进行有效的管理和进一步的运营。这也是重建集体和集体经济所必须面对的重要的集体事务。战旗村的集体和集体经济在这一系列环环相扣、步步互嵌的系列进程中逐步发展起来了。

（二）通过进行自主村庄规划，探索村域资源的全面综合利用

土地这一核心资源的经营权通过多方努力回归集体掌控后，村集体需要对土地及其他资源的利用进行系统规划，以确保各类土地和资源得到合理、协调且有序地利用。村庄表现为一定的地理空间，土地和资源有其相对位置，对土地和资源利用的经济经营和统筹规划，首先要体现在对于土地和资源利用的空间安排上。此外，对土地和资源合理利用的安排还体现在作为这些资源唯一所有者的村庄集体，在组织制度设计和资源相互关系上的综合考量，包括集体经济组织制度、集体产业发展规划、集体财务制度、集体人事管理制度等一系列组织制度的构建与完善。土地经营权集中、村域土地规划和利用，将推动集体经济组织制度的更新。本节先讨论以空间规划为基础的村庄发展规划。

村庄发展规划并非特指国土空间规划体系中详细规划类别下的村庄规划。此类村庄规划作为近几年城乡规划体系完善后的法定规划，其制定过程虽需村庄的参与，但主要遵循县和乡镇国土空间规划的程序，各村在规划出台后，依据其中对村庄发展的边界划定及相关发展内容进行补充和完善。战旗村的发展规划，自村集体成立之初便逐步构建，其中许多规划理念和行动均早于国土空间规划体系的提出。战旗村发展规划展现出强烈的自我驱动力和显著的自主性，其自主空间也在各时代的制度框架内得以体现。此外，战旗村凭借强烈的自主规划意识，在规划尝试上往往展现出比现有定型的村庄规划制度（如法律规定、技术导则等）更广阔的视野和更实用的方法。除了自主性强和具有独到的考虑外，战旗村的自主规划还在与上级政府部门及各类相关主体的互动中逐步得到完善。

1. 集体化时代朴素的村庄规划思想和艰苦的努力

在农业集体化时期，战旗村的规划首先聚焦于如何高效利用村庄的土地与人力资源，以优化农业生产条件并推动农业生产的发展。这样的规划可以叫作农业生产规划。此类规划还需充分考虑村庄内的各类资源（如土地、水源等）的空间分布特点，以实现资源的合理配置。甚至可以这样说，不同生产队的居住和耕作农田的范围既是自然而然划定的，又带有人为规划的考虑。

1965年，战旗村从金星村独立出来，有700元外债，当时集体财产极为有限，只有低洼积水的农田和社员劳力。战旗村村“两委”凭借高效的组织架构，由干部率先带头、民兵连积极突击，将上级关于“农业学大寨”的部署转化为战旗村的高效实践，使得战旗村的农业生产在郫县地区名列前茅。战旗大队的命名，也饱含使村庄成为农业战线一面光辉“战旗”的理想信念。经过十多年的奋斗，战旗村村“两委”将部分规划的愿景变成了现实：低产田改造为高产田，解决温饱、储备粮遥遥领先，亩产量成为当地第一。为了实现这一朴素的农业发展目标，战旗人付出了艰苦的努力。而借由规划的指引，战旗村的干群、劳动力和内部的治理具有了高度的集体村社特征，成就了村庄的组织性。这也成为日后战旗村的规划具有自主性和实施能力强的重要基础。

2. 多种经营规划和对村庄规划的初步探索

在集体化后期，战旗村又开风气之先，办起了砖厂。这标志着内发型的工农互助产业发展愿景的实现，随后砖厂迅速崛起，引领了村庄一系列集体企业的蓬勃发展。此时，在农地上创办企业没有严格的管理，尽管村集体在企业布局上有所考量，但当时尚未形成全域空间规划的理念，也缺乏科学的技术支持。在摸索中，战旗村逐步有了农业生产、非农生产、公共设施和村民居住分区的想法。村集体联系社员改善居住环境的需求，进行了两次新村建设的尝试，村里建造了更宜居的房子，打破了林盘院落不规则的布局，尝试了联排和砖木楼房的建筑样式。

在此过程中，村干部开始关注如何更有效地规划村庄土地资源，以实现全域内生产、生活等多种功能的合理布局。战旗村此阶段的发展依然以自主经济发展和产业发展需求为主导，驱动村庄规划理念的逐步演进，但是尚未形成现代意义上的全面村庄规划体系。

3. 参与“拆院并院”，将村庄规划设想初步变成现实

凭借初步形成的规划理念，战旗村在当地的村庄中脱颖而出，展现出了独特的魅力。基于集体化时代因紧跟国家政策和当地政府发展安排而获得的正向激励，战旗村非常注重研究区域发展格局和态势，也非常注重在一定区域内获得知名度，以便有机会承接政府的政策试点和发展项目。这体现了村庄规划对上级政府规划的积极响应与主动对接。同时，由于有着发展集体的愿景，一任一任的村支书都以谋划全村的发展为己任。时任村支书李世立和村民委员会主任高德敏外出学习，目睹了先进村庄在生产发展和集中居住方面的成功，激发了他们积极尝试的意愿。在组织村民讨论如何才能实现集体经济发展和居住条件改善时，干部群体的集体规划意识进一步增强了。2003 年的农地集中背后的设想即是对村庄全域空间进行整体布局，虽然不能一

步到位，但是对全村进行空间上的布局有了初步的蓝图。

在具备了大致清晰的发展规划和空间初步的布局之后，他们便开始了实施工作。规划落实的步骤，是通过村民小组内的农地置换与集中探路的，此种规划落实路径表现出了村级组织在村庄中开展群众工作的特点。具体方法是深入了解每家每户的实际需求，与这些农户的村民进行诚恳的对话，从而制定针对每户的个性化解决方案。让他们观看先进村庄的纪录片视频，在给他们宣讲、和他们讨论的过程中，面对他们的顾虑讲村里的发展目标及其与每户利益的联结，村庄规划上下齐心、共同谋划的工作方式逐步成型了。

这样不断地从观念、工作方法上探索、准备，在成都推进“拆院并院、三个集中”的过程中，战旗村终于等来了机遇。由于承接四川省大学生文化下乡活动打造出的媒体曝光度，成都市市委书记到郫都考察的考察点被安排到了战旗村。时任支部书记李世立站在村庄规划示意图前，给市委书记讲村庄发展规划的设想，他所讲的与政府的发展不谋而合。这样，成都市统筹城乡试点的城乡建设用地“增减挂钩”、推动乡村居住集中的试点就放在了战旗村。战旗村在规划思想、工作方法及村干部规划理念上的提前准备和塑造，促使上级部门进一步认可其作为试点的资格。战旗村在这一过程中，获得了宝贵的理解土地政策、规划政策及实际操作规划的机会。对于村民们住什么样的房子，村“两委”班子坚持要能实现村民对居住的需求，并且按照“20 年不落后”的标准进行规划、建设。战旗村较早地预见到了未来村庄在城乡融合大背景下的发展需求，整个试点过程中注重村民协商，村庄自主、村民自治的理念促使他们探索出了一条与当前参与式规划相媲美，甚至在某些方面更为先进的村民参与路径。

2009 年，集中居住小区建成，战旗村整体规划的蓝图初步显现。

4. 充分利用区域发展的机会，使村庄规划融入所在地区的整体发展规划之中

在融入片区发展的过程中，战旗村干部群众注重学习，一方面勤于学习和理解国家的大政方针和地方政策，另一方面勤于学习外地先进经验。为了打造乡村十八坊和壹里老街项目，他们曾前往陕西袁家村进行实地考察与学习；为了发展休闲农业和研学，他们曾去上海郊区学习；为了广泛汲取全国各地乡村发展的优秀经验，他们积极承办了“全国村民委员会主任论坛”，后来又与区合作兴办乡村振兴学院。在各种经验学习场合中，他们广邀各路名村“掌门人”，广聚天下知名“三农”学者，广招各方乡村发展志愿者。在学习过程中，他们尤为重视学习村庄规划理念，以及如何将乡村产业规划与空间规划有效结合。

在村庄发展的过程中，确保其能够顺利融入区域发展规划是至关

重要的。这既需要地方党政领导和相关部门的积极推动，又离不开战旗村基于自身需求所进行的主动谋划与融入。目前，战旗村对村庄的规划已经紧密地融入地方发展的全局。战旗村是唐昌农业公园的核心，是成都公园城市建设乡村样板的重点村庄。

5. 发展出特有的干群结合、专群结合的参与式规划技术

在村庄规划方面，无论是总体性的规划，还是针对具体土地用途和项目的规划，战旗村均充分发挥了村党支部引领与村民自治相结合的制度优势，确保了群众的广泛参与，并且充分体现了村民的意愿及村庄长远发展的理念。其中，乡村十八坊是村里非常显眼的建设用地地块。

乡村十八坊处于村里位置优越的建设用地，于 2018 年建成，2012 年村“两委”开始商量其用途。此前，该地块曾被用作农业试验用地，并且曾尝试建设迎龙山庄和文化大院，但不幸在汶川地震中受损，之后被改造为果园。为了使村庄产业符合环保要求、发挥村庄的本土资源优势，战旗村规划将这块地建设为乡村十八坊，设想将本村村民的一些手工艺、食品加工等加以商业化的形式经营。通过本村村民经营、与外部主体合作等方式，形成独具特色的川西平原农村手工艺产业集群。在规划过程中，村干部与群众多次协商、共同规划。

战旗村壹里老街项目的规划，也充分体现出战旗村独有的干群协商的项目规划路径。在战旗村村口交通便捷地段，有一条由 20 余户

居民宅院组成的街道。该街道为 1996 年建成的集中居住区域，在 2007 年实施新一轮集中居住规划时并未被纳入其中。然而，受村民原有生活方式和居住习惯的影响，该街道房屋后方多用于饲养家畜及堆放杂物，导致环境与卫生状况相较于新建的集中居住区存在显著差距。2012 年，战旗村启动乡村旅游开发以来，鉴于该街道的交通便利性，已有少数居民在此开展商品销售活动。村干部谋划，是否将这条街整体改成商业街，将其融入整个村庄的文旅发展全局。经多方学习、咨询，村里最终确定把这条街改造成川西民俗文化小吃一条街。

该街道的规划充分展现了农户的参与性及村集体与农户之间的协商机制。整个规划过程历时 1 年。2019 年年初，村里召集这条街上的近 30 户农户开会讨论，以村干部包户的方式，入户收集意见。后又组织农户代表外出参观学习，到都江堰、邛崃、双流、陕西袁家村等地参观，群策群力。几上几下，反复讨论修改，最终在 2019 年年底形成规划设计方案。战旗村遵循农户的意愿，采取了自建与委托村集体建设相结合的方式来修建这条街。

(三) 探索村集体资源资产在统一经营基础上的分类经营

1. 通过土地股份合作社对农地和农业进行统一经营

战旗村基于集体化时代土地集中与统一管理的效率优势、市场化背景下集体产业发展对土地资源的迫切需求，以及土地集中后便于统一规划以实现集中居住的前瞻性考量，村“两委”最终决定对农地实施集中统一经营。

通过对农地资源的整合，战旗村确立了村集体对农业产业的经营管理体制。为了进行土地整合，必须建立代表集体经济长远利益的组织。因此，战旗村成立了以农地集体所有制为基础，允许村集体成员以土地入股参与的土地股份合作社，该合作社实质上是通过工商注册的专业合作社。村集体对农业的经营管理体制由此得以确立。对全村范围的土地资源的整合，最难的是对农户承包农地的整合。而这方面，由于中央政策规定不得擅自进行调整，部分农户又习惯于单户经营，所以，要整合农地面临特别的困难。

战旗村成功整合农地的原因主要有以下三点：其一，擅长在村集体经济运行的内部发掘或创造利益增长点，通过展示这些增量为农民带来的实际利益来说服农户，紧密围绕集体经济的壮大与发展制定策略。其二，对村庄土地资源的整体利用的前景做出实事求是、循序渐进的安排，使得收益始终让农民看得见。其三，战旗村的成功还基于对村集体拥有土地所有权及统一经营权的坚定认知。正因如此，当部分农民不同意整合时，村集体一方面能坚定村集体有如此权利的认知，另一方面则向农户展示整合后农户收益不减反增的前景和实际绩效。其四，成功地把“愿意种地的农户”和“不愿意种地的农户”分开，使得愿意种地的农户可以继续种地，不愿意种地的农户利益不减，同时也为集体对外合作的各类经济实体准备相应的人力资源，确立了融合农业和非农产业的村内半工半耕农户生计模式，保证了集体经济对全部村庄内部资源的合理利用。

农地集中之后，集体拥有了对土地的统一经营权，通过出租或自营的方式运作，在保证农户原有的经营权收益水平不下降的情况下，集体可以获得一定的收益。当然，在家庭联产承包责任制为基础的农村基本经济制度之下，村集体所获的经营权是从农户手里以租赁的方式流转过来的，采用了多年租约、每年付租金的方式。然而，尽管这部分土地经营权仅占据村集体所有土地的一部分，但其重新回归集体，为集体进一步争取全部农地的经营权，以及实现农地的有效利用和农地收益的公平分配奠定了坚实的基础。

该土地股份合作社于2006年开始酝酿，于2008年正式以蔬菜合作社的名义成立，其核心理念在于促使战旗村拥有承包经营权的农户将其承包经营权转化为合作社股份，从而实现全村农用地的集约化，由村集体经济组织统一代表所有农户进行经营管理。战旗村走的道路表面上和主流推荐的新型集体经济组织的形成路径是一样的，即以农地的承包经营权入股，形成某个村庄的股份合作社。

2010 年 8 月 21 日，战旗村发布的《土地集中实施办法》明确规定，本村农户的承包地、房子、宅基地及其子女相应的继承权均可作为股份入股，采用“保底 + 分红”的效益分配模式，以实现土地的统一管理和经营。至于不愿将土地纳入集体管理的农户，他们将不享有集中土地经营所产生的经济效益。这个办法明确了入股到集体合作社的和没有入股的农户与村集体的不同经济关系。

战旗蔬菜专业合作社，作为农地股份合作社的一种形式，承担了集体经济的农地资源和农业基础设施的管理与运营职责，使得作为农村集体经济的基础部分的农地经营走上了稳定发展的道路。这与以往集体经济组织仅专注农地发包的模式截然不同。战旗蔬菜专业合作社能够主动整合农地资源，作为合同主体与外部农业经营者及本村种植大户签订合作协议，旨在最大化农地和农用的效益，同时确保村集体经济在保障农地资源安全的基础上实现发展的目标。

2. 对经营性建设用地和非农资产逐步确立集体统一经营

(1) 在集体企业发展前期，集凤实业总公司尝试进行经营性资产的统一管理

1994 年，为了推进企业做大做强，结合全县乡镇企业股份合作制改革试点的任务，战旗村把效益较好的机砖厂、会富豆瓣厂、酿造厂、面粉厂、复合肥料厂组合在一起，成立了战旗村集凤实业总公

司。该公司成立了董事会、监事会，当时的书记易奉先任公司董事长，董事会由 11 人组成。集凤实业总公司整合优势资源，在各下属企业中灵活调配资金。根据营销情况，每年给企业下达任务指标。这是企业实行承包制后的第一次改革。

1995 年，总公司完成产值 3 200 万元，营业收入达 1 436 万元，创税利 1 31 万元。下属的望丛牌复合肥建立健全质量保证体系。1997 年年初，市场出现大滑坡，销售价格下降，库存积压，多数企业亏损。1998 年，全国开始推行乡镇企业改制。郫县体制改革办公室期望该村能够率先开展试点项目。当时的政策是，只要是本厂负责人、职工，只需要出 50%的价格就可以把整个厂子买下来。尽管最终实施的是负责人与员工共同持有 20%股份的方案，但在实际运营过程中，企业控制权往往掌握在负责人手中，导致他们时常对村集体隐瞒经营收入并虚报亏损情况。集体企业发展，从承包制走向股份制，使得集体经营性资产的决策统一性和统筹性受到挑战。股份合作制改革的最大问题是，集体企业随之而来的无序发展使得村民的平等成员权，尤其是从集体利润中的收益获取权受到挑战，形成了成员间权利的不平等。

面对这种情况，2003—2005 年，经过复杂、艰苦的斗争，战旗村以党委为核心的班子完成了战旗村从股份合作制到租赁制的第三次改革。村办企业的资产重新被确认为集体所有，同时又收回来 420 万元的流动资金。这是集体经济发展中明确发展路径的关键一搏。当时，这一举措在村内外引发了诸多争议，被部分人视为倒退之举。然而，村领导班子却坚信，“唯有此路，方能拯救战旗村于危难之中”。

2004 年，战旗村采取了一系列措施，包括联合、兼并、出售、资产重组、破产清算及购买小股东股份等，对企业进行了全面的改制，并且成功成立了成都集凤实业总公司。这一举措不仅有效理顺了产权关系，还成功地避免了集体资产的流失，当年即实现了 50 万元的集体收入。

（2）2015 年后借参与集体经营性建设用地入市试点，战旗资产管理公司开始对全村非农经营性资产进行集中经营

2015 年 2 月，郫县被正式纳入全国范围内 33 个农村集体经营性用地入市改革的试点地区之一。2015 年 3 月到 8 月，根据县镇政府的相关指示，战旗村迅速展开了包括清产核资、成立集体资产管理公司等在内的入市前各项准备工作。基于战旗村集体先前成立的成都集凤投资管理有限公司及依托蔬菜专业合作社筹划的土地股份合作社，战旗村积极响应郫县政府发布的《关于开展农村集体经济组织股份改造试点意见》加紧筹划开展本村的相关工作。该意见明确要求将涉及农村集体经营性建设用地入市的集体经济组织纳入股份制改造试点范

围，并且明确集体经济组织的合法市场主体地位。遵循土地所有权与使用权相分离的原则，战旗村创新性地构建了“产权主体＋实施主体”的组织架构。村民委员会被授权代表农民集体行使农村集体建设用地的所有权，同时确定了战旗村集体经济组织的 1 704 名成员为股东，据此注册成立了郫县唐昌镇战旗资产管理有限公司。将该公司作为集体经营性建设用地入市的实施主体，授权委托其实施土地入市，代表农民集体行使农村集体建设用地使用权及相应的经营权和收益权。

2015 年 8 月 15 日晚，战旗村成功召开了村民代表大会，会上决定组建战旗村经营性建设用地入市试点工作小组；会上明确了战旗村集体资产管理公司的发起人、股份配置、人员构成、董事会及监事会成员等关键事项；同时，会议还讨论了战旗村集体资产管理公司的资产范围，提议由清产核资工作小组对全村范围内的集体资产、资源及资金进行全面清查与核实；经村民代表确认并同意后，将资金注入战旗村集体资产管理公司。2015 年 8 月 17 日注册成立了郫县唐昌镇战旗资产管理有限公司，并且将其作为集体建设用地入市主体，同时村民变股东，以增加村民的财产性收入。该公司由村议事会的 35 名成员共同发起，村民委员会主任杨勇担任法定代表人，注册资本为 1 704 万元，以 2011 年 4 月 20 日为基准日，确认集体经济组织的 1 704 名成员均为公司股东，每位股东持有 1 万元的股本。股权以家庭为单位共同持有，具有不可分割性，但允许在户内进行继承。对已出现的几户绝户情况，其股份将依法收归集体所有。

3. 由集体经济组织作为集体资源资产经营管理的统一平台

村集体在明确土地和资源所有权，并集中其经营权后，主要依托基础资源所有权，即集体土地、资源和资产（包括经营性资产与非经营性资产），构建平台，以吸引村民及外部企业在该平台上共同发展。村集体的经营性资产和非经营性资产现在已经统一由战旗资产管理公司管理，土地资源由村民代表大会管理。为了促进集体资产增值并强化管理，村资产管理公司特设投资公司，在村集体集中管理的土地上建造厂房，从而将其转化为集体的经营性资产，随后将厂房使用权出租，采取多元化的方式激活经营活动。

所有进入战旗村的市场主体，无论其性质是个人还是集体，无论其使用的土地为农用地还是建设用地，均需明确这些土地的所有权和使用权归属村集体。同时，土地上所建的厂房也均为村集体所有，确保所有资产都与村集体直接关联。因此，在与每个企业签订合约时，均已明确规定了相关条款。不管你来或者走，不管你采取什么经营方式，只能和村集体打交道，不可以针对任何个体。此外，所开展的项目只能是双方合同谈定的，如果变更项目，则需要重新进行洽谈。综上所述，所有进入战旗村并寻求土地或资源的市场主体，其唯一对接对象即为村集体。村资产管理公司已形成一套完整的资产管理方法，以确保资源的有效管理和利用。

在战旗村，集体资产之所以能够实现由村集体整体管理的目标，并非主要依赖于资产管理公司的具体组织形式，而是因为它成功地确保了土地所有权归属于村集体，据此制定了一套既符合市场规律又契合村民意愿的规则体系，有效地平衡了集体与个体之间的利益关系。

村集体在村庄发展中的作用是什么？其目标是促进全体村民的共同发展，确保每位村民都能从中受益。优秀的集体经济应当能够充分发挥各种经济成分的优势，实现资源的优化配置。所以，村集体主要搭建的是一个大家都能发展的平台，让个体、私营经济都能在平台上找到自己的位置，在发展村集体经济的过程中，战旗村积极寻求与其他经济主体的合作，通过整合集体资源资产，推动混合经济的发展。集体的统一经营并非以追求短期利润最大化为唯一目标，而更注重整体规划和长远发展。集体并非无所不能，需要审慎评估自身的能力和资源，选择适合集体发展的项目和经营范围。对于风险较大、利润较高的项目，集体应谨慎参与，必要时可将机会让渡给具备相应风险承担能力的主体。集体在选择项目时，应确保项目的盈利性，并且努力维持项目的稳定运营，以保障集体资产的增值与保值。尽管公共设施和硬资产设施的风险相对较低，利润可能也有限，但集体仍需承担其建设和维护的责任，以满足村民的基本需求。在经营集体经济时，首要任务是确保集体资产的安全和稳定，为集体经济的长远发展奠定坚实的基础。

2015年起，村集体的主要行动已转变为在开放发展的框架下，积极寻求自身与合作主体的协同发展，同时，在融入区域发展大局与政策创新的背景下，努力实现自身的可持续进步。

4. 在集体统一经营的基础上探索对集体经营性建设用地和经营性资产的多种经营形式

（1）拍卖集体建设用地使用权

2015年8月26日至9月7日，战旗村将总面积为13.447亩的集体建设用地，包括原有的村办复合肥厂、预制厂及村委会老办公楼用地等，置于郫县公共资源交易服务中心挂牌交易，起拍价为49.5万元/亩。最终，四川迈高旅游公司以52.5万元/亩的价格，取得了这块集体建设用地40年的使用权，敲响了全省农村集体经营性建设用地入市交易的“第一槌”。入市土地的竞拍总价达到706万元。据《集体经营性建设用地使用权挂牌出让竞买须知》的规定，竞得人在签署《郫县集体经营性建设用地使用权出让合同》后的10日、50日及90日内，需分别支付地价款的30%、40%及剩余的30%。

经过对入市土地的全面评估，迈高公司认为战旗村当时并不具备发展第三产业的理想区位条件且土地竞拍价格较高。同时，鉴于集体建设用地入市政策尚存诸多不完善之处，企业若以高额资金竞得该地块，将面临投资回报周期较长、风险较高的挑战。通过与战旗村村“两委”的深入沟通，公司对村内的存量资源进行了重新梳理，发现战旗村内可经营性资产较为丰富。若能够协同村集体组织，将分散的闲置资源（如村集体的房屋、土地、村民闲置住房、农用地）进行整合，实现经营权的集中统一，战旗村将具备产业升级转型的潜力和条件。基于长期的合作关系，迈高公司最终以 52.5 万元/亩的价格成功竞得了该地块。随后，迈高公司投资 7 500 万元，成功建成了五季·香境文旅综合体，并首先引进了全国连锁的“斯威登”酒店入驻。此外，还引进了京东云，共同创建了“绿色战旗品牌创新中心”。青年文创、供销社、电力供应、电子商务等多个多元化为农创业创新板块相继被引入，进一步丰富了战旗村的产业结构，促进了其经济的多元化发展。成都周边地区的市民也纷纷选择在第五季·香境项目购房，成了战旗村的“新村民”，为战旗村注入了新的活力。2018 年 4 月正式开街，全年实现产值 1 000 余万元。本次土地就地入市不仅成功盘活了闲置资源，而且还进一步完善了旅游产业的配套设施，使得该项目成了战旗国家 4A 级旅游景区的重要组成部分，提升了战旗村的旅游吸引力和产业竞争力。建成后的第五季·香境项目将40年的所有权转让给了小业主，同时，小业主将物业经营权委托给了花样战旗景区管理公司（运营平台），由该平台公司负责统一的招商和运营管理，确保了项目的专业化和高效运营。此举既确保了企业投资的及时回收，又依托专业运营公司的管理，实现了产业投资项目的持续运营与发展，同时保障了小业主的投资回报。村集体除了出让土地的收益以外，还有运营所得的分红收益。

对战旗村来说，“第一槌”的意义不在于拍卖这块地本身，而是通过交易了解到村集体资源资产价格大幅提升的程度。可以利用土地承包权、建设用地使用权、生产设施所有权等各类产权抵押融资6 000余万元。具体而言，“第一槌”入市项目凭借集体建设用地的抵押权，成功从成都农商银行争取到1 500万元的贷款授信额度，实际获得了410万元的贷款资金。因此，全村范围内共规划出近200亩的集体建设用地，其资产估值已突破2亿元大关，为村集体提供了通过入股经营、自主开发、直接挂牌等多种模式与外部主体进行合作开发的契机。这一举措为土地的金融化提供了定价的基准。集体、农民的隐性资源变成了显性资产，而资产又可以通过交易、抵押等办法变成资金。如村民朱建勇将其173平方米的农房进行抵押融资，获得贷款15万元。这是一个巨大的飞跃。

(2) 以出租土地方式经营乡村十八坊

集体经营性建设用地入市后首次拍卖所得的资金，战旗村主要用于建设了乡村十八坊项目。这是战旗产业生态化转型后集体自主开发经营的第一个三产融合项目。

乡村十八坊的创建初衷在于提供一个平台，让民间工艺大师能够全面展示其多样化的技艺，这些技艺并不仅限于战旗村本地生产。2017 年 5 月起，“乡村十八坊”正式动工建设；2018 年 8 月 8 日，该项目一期工程圆满竣工并正式对外开放。整个乡村十八坊占地 80 余亩，一期工程占地 30 余亩。

房屋建设完成后，应如何进行有效的经营与管理？乡村十八坊的招商方式是这样的：第一年，不对经营者收取租金，仅收取一定数额的押金作为保障；第二年，根据经营者的营业额抽成，并且实行统一的收银管理。无论经营是盈是亏，村里均按照商户营业额的 10％抽成。这是参照袁家村的做法而定的经营管理方法。此外，村里还制定了内容详尽的《战旗村乡村十八坊文旅综合体服务管理办法》，以规范经营行为。第一期（2018 年 8 月）商户的押金是优惠价 600 元/平方米，二期（2019 年 1 月）押金上调为 1 000 元/平方米。押金将在使用满 3 年后开始逐步返还，具体为第一年返还 30％，第二年再返还 30％，第三年返还剩余的 10％，总计返还 70％。剩余的 30％作为房屋基础配套设施的保证金，商户此后无须再缴纳押金。村集体通常要求商户至少租赁3年，若租赁期限未满3年，则押金将按相应比例扣除，不予全额退还。对于经营不足1年的商户，乡村十八坊将返还其90%的押金，剩余10%的押金作为房屋维修成本不予退还；对于经营1～3年后退出的商户，乡村十八坊将退还其80%的押金，而村集体则将收取的押金用于后续的投资与建设。

2020年，乡村十八坊成为战旗第一旅游目的地。进入乡村十八坊院内，游客可以见到豆腐乳坊和唐昌土板鸭的展示与销售点；东边走廊进去的是郫县豆瓣博物馆；对面蜀酱坊出售豆瓣产品，游客能看到豆瓣酱的生产的流程及工艺。郫县豆瓣博物馆是由村集体与满江红豆瓣公司合作建设的，占地面积达30亩。2018年9月30日正式开馆，是战旗景区网红打卡地。博物馆的隔壁是村史馆，为一木柱小四合院。村史馆旁边隔水池小溪，一大片都是满江红食品公司的制作工坊，也是郫县豆瓣博物馆的一部分。在乡村十八坊内，建有唐昌布鞋的展示作坊。前店后厂，游客们可以看到布鞋是怎么制作出来的。唐昌布鞋的制作采用传统手工艺，该作坊不仅展示布鞋的制作过程，而且还为有兴趣学习的农民提供培训服务。乡村十八坊的第二进院落是文化大院，此地设有当地知名支部书记的乡村振兴工作室，该工作室不仅用于工作，还承担着为地方进行宣传推广的职责。此外，还有四川战旗飞扬乡村振兴规划设计院等由村集体与外部投资者共同出资设立的企业。另有水榭园亭、战旗大戏台、战旗食堂，战旗游学中心等。集凤院子围墙内种植了大片的楠木林，为游客提供了避暑的佳地。院内还设有一排店面，专门制作并售卖各类小吃。如今的战旗乡村十八坊已经成为四川省境内远近闻名的乡村产业品牌，也是支撑战旗旅游产业发展的物质基础。

(3) 土地作价入股及其他经营方式

战旗培训学院旁边的天府战旗酒店，是战旗村以6.5亩存量的闲置的集体建设用地占股49%，与社会资本一起成立公司，共同投资兴建的。天府战旗酒店是四川省第一个以作价入股方式进行农村建设用地利用的项目。当时投资的600万元是按98万元1亩作价的。然而，该酒店的建造成本高达约3 000万元，根据双方原先约定的出资比例，即战旗村占49%、对方占51%，战旗村的出资额未能达到其应占比例。对此，对方提出两种解决方案：一是让村集体减少持股比例至百分之十几；二是村集体追加现金投入，以确保其49%的持股比例。当时，战旗村既没有资金来补这个比例，又不想退股。最终确定的方案是，战旗村出资600万元左右，占股49%，对方则出资800万元左右，占股51%。剩余的近1500万元投资则作为两家股东合资的共同债务，在未来的经营活动中逐步偿还。这样的出资方式，既能够保证双方的占股比例保持不变，又能够保证战旗村不用再多出资金来投资。当时，选择以土地作价入股的方式投资天府战旗酒店，是因为战旗旅游业和培训的开展，需要配套战旗村整个区域的发展，才采取了这样的方式。

目前，战旗村拥有 3 家酒店及 11 家民宿，提供近 1 000 个床位，其中大部分为近两年内新增设。该项目主要采取统一规划、共同建设的模式推进，既未新增占用土地，又未强制农民搬迁上楼，更未进行大规模的拆迁与重建。在原来的基础上，通过改建形成了新的消费场所，完善了景区的配套，增加了新的业态。

战旗村的旅游产业发展采用保底分红的方式。吕家院子作为宅基地开发经营项目，依托其独特的传统林盘居住形态和优越的生态环境，致力于将生态价值有效转化为经济价值。战旗村采用的方式是由村集体租赁院落，进行风貌改造，改造完之后招商。招商时，最先确保的是院落租金，村民将院落租给村集体多少钱，商家就需要付给村集体多少钱，没有中间差价。村集体以其对宅基地的集体土地所有权及在公共基础设施（如道路、交通标识）和周边环境维护等方面的投入，以及战旗村地理位置的品牌价值等，作为与商家合作的股本资金进行利润分配，即对营业额的 3%进行提成。

战旗村还发展了协议入市的建设用地利用方式。战旗乡村振兴学院及农耕博物馆，是政府建设项目，由国有公司投资建设。然而，战旗乡村振兴培训学院在建设时面临如下复杂的情况：土地归属战旗村集体，而房屋资产则属于国有公司，同时法人身份又归属于村委会，这导致了多方之间关系错综复杂，存在诸多难以厘清的问题。战旗村集体土地未能实现其应有的价值，国有公司投入的数千万元资金也未能有效转化为资产。后经区主要领导同意，通过协议入市的方式把这块地先卖给国有公司，由国有公司办理产权证。

2020 年，战旗村与金星村合并后，战旗村面临着两项重大的改革发展任务。其中一项任务是实施强村带动弱村的发展策略，为此需要重新进行国土空间规划。除了保留水源保护区的院落外，还需对其他院落进行重新规划，并且调整产业发展项目及景区的游览路线。2023 年年初，已启动对景区多条旅游环线的调整工作，以覆盖新合并的区域。同时，计划在新合并的区域实施宅基地的有偿腾退政策，采用创新的宅基地改革方式推动腾退工作。在原金星村地界上，计划选取两个地块建设新的集中居住区，而剩余的两个地块则将通过土地出让的方式吸引项目入驻。此举旨在实现当地居民就地城镇化，确保产权一体化，避免重蹈战旗村 20 世纪初宅基地改革时，宅基地退出后通过“增减挂钩”政策出售指标的覆辙。尽管当时的举措实现了村集体的多重目标，但也导致了建设用地这一关键资源的流失。

（四）通过确定土地和资源权属和确定集体成员，奠定新型集体制度的根本基础

土地的统一经营与集体所有，最终目标是构建一个全新的集体组织。新集体的核心在于确立明确的集体成员身份，以及构建与其他类型组织不同的成员与集体之间的关系。在土地等资源集中经营的过程中，不同农户需要明确其作为集体成员的身份，并确立相互间平等且推动集体发展的成员资格。

经过明确集体经营权，并且通过对集体土地（包括农地和建设用地）经营方式的广泛探索，村集体成员对归属于该集体的信心显著增强。相应地，在集体成员与集体的关系演变中，战旗村实现了从部分土地权益到全部土地权益的调整，以及从局部成员权益到全方位成员权益的全面调整，从而巩固了村集体成员作为村集体坚定组成部分的地位。构成村集体，首先需要有一定数量的成员，并且成员能成为成员，具有明确的、无异议的资格。

家庭联产承包责任制是集体经济制度的大变革。在集体经济经营方式发生变革的初期，成员资格标准和成员权益内容并未发生变动。然而，随着土地大部分被分配给农户耕种，因生老病死等自然因素导致的成员数量变动，使得在调整集体成员数量和权益时面临了更大的难度。战旗村从1982—1988年，通过从集体预留的机动地中划出分

给新增成员规定数量的责任田。但是随着机动地基本被分完，1988年以后，新生人口也就没有多余的土地可分了，转向在各个生产小队内部进行“生增死减”。此外，部分农户并未遵循1982年土地承包时划定的土地位置和面积限制的约定，而是通过扩展土地边界、开荒等手段擅自增加耕种土地的面积，并且这些新增面积并未纳入国家税费和乡村统筹提留的承担范围。这样，一方面新增人口不能充分享有集体成员权利，另一方面部分成员自行扩大土地经营面积，使得成员间土地权利出现了不平等。而成员土地权利事实上的不平等影响了村集体成员的平等，进一步削弱了村集体土地所有权和村集体治理的正当性。

20世纪90年代，在集体企业蓬勃发展的背景下，企业股份制的实施进一步加剧了不同企业间领导层与员工之间的收入差距。在企业的具体运营过程中，企业领导凭借其对收益分配的控制权，相较于普通职工及非企业内部的集体成员，获得了更为丰厚的收入。这进一步加剧了集体内部成员之间的不平等现象，也使得村集体对资产的所有权和村集体治理的正当性进一步削弱。

要强化集体，必须明确集体所有权，恢复集体对土地资源和资产的经营控制权，而这就进一步推动了对集体成员身份及其具体权利的明晰。通过企业改制和农地集中开启的上述进程带来了集体收入的增加，这些集体收入在面向集体成员进行相应的分配时，使得明晰成员身份成为必须进行的工作。集体与农户之间围绕不断增加的土地收益和成员权益展开的协商与博弈，是推动土地收益逐步明确和成员身份逐步清晰化的关键过程。

战旗村在逐步明确集体成员土地权属及成员身份的过程中，经历了一系列的发展阶段。从 1982 年到 2003 年，农地归属及其权益调整逐步落实在村民小组一级，由此村集体对农地的所有权和经营控制权丧失了。从村集体的角度来说，这是一个所有权和集体的统一经营权逐步削弱的过程。

2003 年，第 5 组和第 7 组各自将 50 亩土地交由村集体统一经营管理，此举标志着土地所有权与集体统一经营权的重新整合与强化。在此过程中，成功实现了成员土地权益的适时调整，并且在两个小组的层面上更新了集体成员权。两个小组范围内重新分配土地，有效消除了因个别户多占土地及未能及时根据人口变动调整土地分配所带来的不平等现象。而且证明，村集体统一经营农地并不会给集体成员收益带来损失，相反会带来更多的收益。此次土地集中的实践过程进一步表明，要实现土地权属（包括地块位置及承包经营权收益）的变动，必须与农户进行深入的沟通与协商，适当借助大多数村民的社会资本和舆论力量来引导少数人改变不同意见。

2006 年，土地进一步集中，尽管在土地权益和集体成员权方面未能取得显著的实质性进展，但其所确立的面向全体农户的土地股份合作制模式，为集体成员权的农地收益提供了实际可行的组织载体。这样进一步增强了村集体明晰集体土地所有权、增强土地集体经营权的正当性。同时，进一步壮大了集体经济实力，增强了集体对集体成员的凝聚力。

2007 年 7 月起至 2009 年，战旗村的 9 个村民小组积极参与了成都市郫都区的“拆院并院”改革项目，成功实现了全村 96％人口的集中居住，此举显著促进了村土地经营权的集中。2009 年 9 月，合作社集中流转土地达 1 097 亩，到 2010 年年底，合作社集中土地约 1 600 亩，2011 年年底，合作社已经集中土地 1 820 余亩，约占全村耕地的 96％。尽管战旗蔬菜专业合作社是集中土地的主要执行者，但根据村民加入合作社的相关文件及实际运营情况，村民的土地经营权已转移至由村集体掌控的，并且村集体以资金形式入股的集体经济农地经营组织。

我们可以看到，从 2003 年的 100 亩，到 2006 年的 600 亩，到 2009 年的 1 097 亩，再到 2011 年的 1 820 亩，农地集中速度逐步加快。人们可能会好奇，除了能够获取比单户经营更高的收益外，为何在 2009 年至 2011 年间，农户将土地经营权流转给集体的速度显著加快？这种显著的加速现象进一步揭示了村集体与农户之间在农地经营权流转及集体成员土地权益方面存在的深层次逻辑。尽管研究者和政府倾向于单独处理农民承包地的土地权益问题，但农民自身却将承包地、宅基地及村办企业工作和外出打工视为其生活不可分割的一部分。战旗村的村民在目睹村集体通过农地经营为农民创造利益，以及通过宅基地集中建设改善农民居住条件后，他们对承包地收益的看法发生了转变。如他们对承包地带来收益的方式有了深刻的认识变化，不再局限于亲自耕种才能获得收益的观念，而是认识到将土地交给集体经营能够带来更高的收益并且更为稳妥。土地股份合作社依托社员代表的民主决策与管理机制，加之村集体对合作社经营管理重大决策的指导和监督，增强了农民对土地股份合作社经营管理的信心。此时，土地权属方面事实上的保障性大大提高了。

根据政府关于集体产权制度改革的部署，战旗村相应地进行了土地和资源权属方面的调整与安排。先后通过《战旗村集体土地及房屋确权方案》和《关于实行“农村土地承包经营权长久不变”有关问题的决议》明确了集体成员的土地权利。关于哪些村民应被认定为集体成员的问题，其明确界定是构建新型集体经济组织和推动新型集体经济确立的关键环节。

战旗村确立集体成员的进程既是基于自身集体经济发展的内在节

奏，又很好地和政府推进集体产权制度改革方面的步骤相协调。2011年，成都市推行农村产权制度改革时，村里的宅基地、农地已经做了集中，也产生了被村民认可的实际收益，于是大家就确定以 2011 年 4 月 20 日 24:00 时为时间节点，按人口完全平均分地，分地的前提是确定哪些人是集体成员。为此，村里专门出台了《集体经济组织成员身份界定办法》。原本计划以 2010 年 9 月 30 日为基准日，但鉴于众多村民提出，10 月后家庭可能新增成员，故最终决定以 2011 年 4 月 20 日 24:00 时为时间节点，并且以出生证明作为界定依据。最终确定了 1 704 人的土地权益。本次的土地权属调整，为之后招商引资、土地入市试点创造了条件。根据执行的情况，村里后续考虑对《集体经济组织成员身份界定办法》增加补充意见，考虑“生不增、死不减”多少年为一个周期再调一次。农村长期实施“生不增、死不减”的政策不利于集体经济的持续发展。尽管承包制可以长期保持，但承包关系需根据实际情况适时调整，以确保集体经济的活力和公平性。新的集体经济组织成员可以只享受土地承包权和集体收益分配权，不享受宅基地权利。宅基地实行“生不增、死不减”，解决人员变动带来的矛盾。

集体经济要想发展，必须要有借以发展的资源资产，还需要有从事集体经营的具体制度。在明确集体成员身份后，村里对村域内的所有资产资源进行了全面的清产核资，并且实施了股份量化（明确集体成员对资产资源收益的分配份额），随后将这些资产全部纳入资产管理公司进行管理。纳入资产管理的资产既属于集体所有，又关乎每位集体成员的切身利益。通过股份量化让村民明确集体每挣的一块钱都是大家的，这样就和村民建立起利益联系机制。集体统一经营能够被村民广泛接受的关键在于，与村民之间建立了明确的利益联系机制。集体成员的确定，最终使村集体经济的制度得以贯通，形成了一个整体。

为确保个人权属明确后集体收益分配权的实现，需进一步明晰集体资源资产状况及优化经营模式。个人土地权属的明确进一步促进了集体资源资产所有权的清晰界定及集体统一经营权的有效落实。由此，推动了对集体资源资产的清理和认定。在战旗村，这一逻辑贯穿于村集体经济的发展历程中，通过每一次重大的集体资源资产经营权集中与变动的具体实践得以推进。鉴于村集体层面需实现土地承包经营权平等化及“生增死减”的动态调整的总体目标，战旗村积极把握各种机遇，推动总体目标的达成。值得一提的是，2015 年战旗村为推进集体经营性建设用地入市，对村集体经济组织进行了股份合作化改造，基本构建了战旗村新型集体经济组织的整体框架。通过充分利用各种机遇落实总体目标，新型集体经济得以最终构建完成，标志着新型集体的正式形成。同时，新型集体经济组织也完成了其最终的组织架构建设。

在明确集体成员身份及土地等资源权属的过程中，党组织作为由先进分子构成的团体，发挥了至关重要的策划、引导和组织作用。从某种意义上讲，新型集体的构建以村党组织为基石，而新型集体经济组织则是党组织主导下的承包农户的重新组织化过程，其运营同样离不开村党组织的领导。

对战旗村来说，由于合并了金星村，其发展又迎来了新的机遇。这也是考验战旗村走过的新型集体和新型集体经济组织构建的路径是否管用的又一重要机会，也是考验新型集体经济能否在更大范围实现的又一重要机会。

三、我们的评述

（一）土地经营既指让村庄土地产生收入，又指合理利用村庄土地

关于村庄集体土地经营的“经营”二字，其一方面涉及经济上如何优化村庄土地，以产生更多的物质产出并增加收入；另一方面也是在说，如何用一种更为合理和有效的方式来利用村庄的土地，使得土地上的全体农户的生产生活需求得到更好的满足。一方面说的是土地的经营体制和机制，另一方面则关注对土地的统筹规划、空间布局及综合高效利用。村庄集体经济组织的土地经营包括这两个方面。不论哪一方面，因土地具有地表上的广延性，对土地的利用自然就牵涉了在土地之上和土地之下可以利用的各类资源。所以，土地经营和村域的各种资源的经营其实是连成一体的。

本章把“土地集中和村域资源统一经营”作为主题，是因为实践中怎样把村庄土地和村域资源经营好、统筹规划和利用好，还没有在村级层面行之有效、适用性广的具体制度安排。在村集体经济组织发展滞后的背景下，许多村庄的农民和村干部已逐渐丧失了对土地和村域资源作为村庄发展基石和重要资源的信心。若缺乏信心和可行的利用路径，村庄如何继续维持其作为集体单位的本质属性？若集体及其

重要表现形式——集体经济不复存在，村庄将仅沦为村民聚居之地，而此类地区因人居环境复杂、公共治理难题重重，极易演变为利益博弈的场域，难以成为村民安居乐业、享受美好生活的理想之地。

（二）对村庄土地的高效经营需要新型集体经济组织

在改革开放之后，经由分田到户的家庭联产承包责任制改革，全国绝大多数村集体，其原有的大队和小队组织，在集体土地的使用和经营上，经历了从拥有绝对权利到仅掌握部分机动地并对剩余土地进行发包的转变，这一过程显著削弱了村集体原有的集体所有权形式。通过发包土地和经营机动地的权利，村集体曾试图推动集体经济的发展。然而，随着土地承包费用的收取难度增加，直至最终取消，经营机动地进行农业生产所获得的收益也大幅减少。类似的情况在战旗村也有所体现。然而，战旗村在集体土地的利用上采取了非农形式，自20世纪70年代起便率先兴办乡镇企业，这一举措有效延续了集体经济的发展，使得其产值相较于20世纪70年代之前实现了数倍增长。值得注意的是，战旗村于1965年才正式建立大队，但其在农田改造和集体企业创办方面均处于领先地位，这为其集体经济在普遍衰落的背景下仍能保持增长提供了有力支撑。然而，与全国绝大多数村庄相似，战旗村也面临着家庭承包制改革带来的弊端，即村集体在基于集体资源资产所有权的基础上，对资源资产使用绩效的监督和引领作用受到了削弱。在战旗村集体经济尚未作出集中土地、经营土地的决策之前，其发展过程中既取得了显著成绩，又伴随着一些隐忧。集体发展涉及多重逻辑，既有正向发展的因素，又有负向发展的因素。在集体资产转向租赁制管理，以及大规模土地集中和实质性规划实施之前，村庄集体和集体经济的发展整体上仍处于不良状态。

村集体得以成功建立的关键在于村干部及群众中先进分子对集体的认同与向往。在集体统一经营模式下，当具体经营的方式被采纳时，往往会形成多个独立经营实体。怎样使得这些经营实体的利益嵌合在村庄集体的整体利益之中，是新型集体经济组织制度所必须解决的问题。

（三）对村庄土地的合理利用必须通过村集体经济组织

合理利用村庄土地，是村庄农业依托合理土地制度实现从传统农业向现代农业、生态农业转型的关键。合理利用村庄土地，还旨在优化村庄的人居环境、提升生产效率、维护生态平衡及提高生活质量，确保各项功能得到最佳实现。合理利用村庄土地，确保土地安全，要求外部主体在利用本村土地时，必须以本村土地保有所有权和控制权为前提，同时，部分集体成员的土地利用行为不得损害其他成员及全体集体成员的利益。合理利用村庄土地，为乡村非农产业的发展提供坚实保障，村集体土地在与外部主体合作推动乡村产业发展时，可作为重要资产，成为村庄发展的核心要素。合理利用村庄土地，赋予农民集体作为土地所有者对土地使用的占有、决策、经营及收益权利，并且确保这些权利在农民集体成员间得到合理配置，特别是保障集体成员平等享有土地使用权利，确保土地收益在拥有承包权的集体成员间得到公平分配。合理利用村庄土地，鉴于其在空间上与村庄所在区域的紧密联系，促使土地利用措施融入区域发展大局，为城乡融合发展提供基础性支撑。因为土地作为公共资源，国家具有对土地用途进行管制的权力，所有者的利用行为具有强烈的外部性。因此，对村庄发展来说，农民集体对土地的合理利用还意味着土地利用行为要在国家法律、法定规划和地方政府政策许可的范围内进行。

综上所述，农民集体对土地的合理利用，可概括为在遵守法律法规的基础上，对集体所有土地在法定用途、村庄空间规划、利用技术、权利保障、收益分配，以及区域发展等各个方面实现科学、合理的利用。这要求村庄的土地利用需确保上述各方面达到合理的效果，并且各要素间相互兼容，以实现整体收益的最优化。因此，村庄的土地利用涵盖了体制机制设计、各类工程技术的运用、财务核算与管理、成员间关系的调整，以及与政府和外部主体的合作等多个方面。

这些工作的掌控者，必须是具备上述领域决策与运营能力的村庄集体或农民集体。本书前三章的内容，紧紧围绕村庄土地等村域资源是如何得到合理利用，进而带动村集体经济的新生和发展最终实现整个村庄发展的。通过村庄的土地利用，我们不仅可以透视农民集体的发展和转型，而且可以理解村庄发展的深层机制。

（四）在探索如何进行统一经营中形成新型集体经济和新型集体经济组织

构成新型集体经济组织的基础条件是有一定数量的集体经济组织成员。战旗村的集体成员确定和作为成员集体的新型集体的成立是在发展对土地和资源的统一经营中逐步形成的。这一过程自然而然地发展，最终实现了新型集体经济组织的成立。战旗村在农业方面的集体统一经营并非完全基于个人的理性设计，而是逐步开始对村域资源的统一经营探索。虽然对农地的统一经营并不是所有村庄都必需的，但其普遍意义在于促进农地利用的整体规划，以确保村庄能够履行粮食安全和生态安全责任。农业方面的集体统一经营也为更好执行村庄发展规划，提供了有利条件。

战旗村集体资产管理公司所管理的集体经营性资产，涵盖土地资源及各类实物、货币和无形资产，这些资产的形成深深植根于历史发展的脉络中，体现了战旗村自成立以来不可分割的集体积累。无论是农业生产领域的家庭联产承包责任制，还是由社队企业和乡镇企业发展而来的非农产业，均是在集体所有制框架下，战旗村全体集体成员在这片土地上通过辛勤劳动共同创造的集体财富，这些财富不可分割，紧密相连。尽管不同历史时期该集体组织的本质未变，始终承担着土地、资源所有权及经营管理责任，但是在不同时间段内，所有权的强度及经营权的有效行使程度却存在显著差异。这也使得我们在进行同一时间节点或同一时代不同村庄的集体和集体经济发展的比较时，发现不同村庄的发展体制有巨大的差别。

2022 年，战旗村深刻认识到整体品牌营销的重要性，据此组织成立了四川战旗村企业管理集团有限公司，该公司由郫县唐昌镇战旗资产管理有限公司、台丽（四川）农业科技有限公司、四川先锋生态园调味品有限公司、四川浪大爷食品有限公司、成都市富友绿色调味品有限公司、成都高乐印务包装有限公司及战旗云科技（成都）有限公司等多个股东共同组成。战旗村对集体经营性资产的经营进入了更加精准的经营和分类管理阶段。

四、同类做法

（一）开弦弓村面临的土地资源利用难题

苏州市吴江区开弦弓村，坐落于太湖东南沿岸，因社会学家费孝通先生于 1936 年曾在这里进行过实地调查并随后出版了《江村经济》一书而享誉国内外。江村东西长 2.73 千米，南北长 2.53 千米，村域总面积 4.5 平方千米，其中耕地 2 975 亩。开弦弓行政村由开弦弓、荷花湾、西草田三个自然村组成，下辖 25 个村民小组。全村总户数为 758 户，常住人口 2 847 人。庙镇公路贯穿其中，苏浙沪高速公路出口和苏震桃公路在村南部，交通便利。

1949 年以来，江村的村庄及周边农地格局基本没有出现大的变化。就村庄而言，1936 年费孝通第一次进行江村调研时，村庄居住用地仅占村庄土地相当小的部分，在 3 条小河的汇集处，房屋分散在 4 个圩的边缘。住房之间修有道路，各圩之间用桥连接。村内有小学和合作丝厂，但是占地不多。历经 80 余年，村内非农用地面积显著增加，具体表现为住宅用地达 300 余亩，工业和商业用地合计约 230 亩，以及公益用地 26 亩等。值得一提的是，江村所在的苏南地区在

20世纪80年代乡镇企业发展兴盛，随着20世纪90年代中后期乡镇企业改制，私营经济兴起。就农地而言，村里1983年3月实行家庭联产承包责任制，农地归各村民组所有，由农户承包经营。1998年，进行了二轮土地承包，2016—2018年进行了农地确权。然而，江村的农地确权仅停留在名义和账面上，并未真实反映农地分配的实际情况。各村民小组的土地占有与分配办法与2016年确权没有多大关系。而且在实践中各村民小组的做法也不一样，在费孝通先生调查的原开弦弓南村、北村和荷花湾三个自然村中，一半左右的村民小组农地一直不动，“增人不增地、减人不减地”；另一半村民小组实行定时调整，大多实行5年一动，个别村组甚至1年一动。在农地利用方面，一个显著的变化是进入21世纪后，村里的农业产业结构迅速调整，传统的“稻桑型”农业逐渐被“鱼虾蟹型”农业所取代。随着这一变化，承包农户通过村民小组将农地流转给村内外的水产养殖户养殖鱼、虾、蟹，农地流转规模急剧增加。

当前，江村在土地利用方面面临的主要挑战包括：随着村民居住格局从小型住宅向大型住宅的转变，原有的宅基地面积已难以满足需求。依据相关政策规定，对于确有需求且符合条件的村民，村庄本应免费提供宅基地。然而，由于农地非农使用的严格限制及建设用地指标的日益紧张，村庄已多年未再划拨新的宅基地。此外，村庄内部过道弄堂越来越狭窄，几乎家家户户都购买了小汽车，但无法开进村里，村民们只好将车停在村头路边，对村庄环境整治提升造成了一定的压力。在农地管理方面，农地主要采取以村民小组为单位的方式租赁给水产养殖户，但这种做法缺乏统一规划和协调，导致养殖户们各行其是，难以形成产业合力与竞争力，进而影响了生态环境的整体质量。近年来，村里利用当地实施江村总体提升行动的机会，尝试通过流转的方式集中农地，恢复费孝通当年调研村庄时的“蚕桑稻香”，发展“农文旅”。这一举措，取得了一定成效但也面临一定压力和阻力。

参考材料

1. 以上开弦弓村资料来源于北京农禾之家研究组研究人员的实地调研。
2. 对开弦弓村案例感兴趣的读者也可以进一步阅读其他文献材料，如苏州吴江发布，“江村经济：了解中国农村经济社会的一扇窗”，https://mp.weixin.qq.com/s/JUbMSwqrIqZnaEhjBRgm7w。
《经济日报》：“三访江村”，https://mp.weixin.qq.com/s/fnEKd7a7yOs54qWLzxhpnA。

（二）蒋巷村的土地集中利用与村庄发展

田成方、路成行、渠成网，千亩良田稻穗渐黄，生态园内瓜果飘香，工业区里机声欢唱……金秋时节，走进江苏常熟市支塘镇蒋巷村，一幅自然人文相映成趣的美丽乡村画跃然眼前。谁能想到，这个国家级生态村、全国文明村，以前是常熟的贫困村。

1. 致富增收，贫困村变小康村

“过去，‘小雨水汪汪、大雨白茫茫’，全村186户人家，住的是泥土墙、茅草棚，吃饭都成问题。”1966年，22岁的常德盛当上蒋巷大队大队长后，带领村民拿起扁担、挑起箩筐，疏浚河道、平整土地，完成50多万立方米工程，建成良田1 700多亩，硬是把十年九涝的低洼地变成远近闻名的高产田。

洼地变良田，让蒋巷村人解决了温饱问题，而在温饱得到满足后，他们开始思考如何实现小康生活？适逢苏南地区乡村工业兴起，蒋巷人又把致富的目光投向了工业。蒋巷村瞄准市场空白，建起了两条彩钢复合板生产线和常熟第一家村级工业园，曾经一穷二白的村子，日渐富裕起来。

虽然依靠工业发了家，但蒋巷村仍不敢忘记“农业之本”。他们很清楚，搞农业也要搞现代化农业。

“前年开始，村里全面种植有机稻，并实行一年一季轮休制，让土地休养生息。土地的产量是低了，但是经济效益却上来了。”30岁不到的蒋荫达，拿到了村里首批“新型职业农民”证书。他扳着手指算了一笔账：虽然每亩有机稻田的产量比之前的化肥稻少了 300 斤，但去年蒋巷大米的市场价从每千克 6 元涨到 20 元，利润翻了一番。去年，蒋荫达还尝试“稻鳝共育”，每亩又可增收 2 000 元左右。

考虑部分种粮大户的年纪越来越大，今年村集体计划把农田“流转”回来，建立村级农场，由职业农民统一种植，以提高现代化水平，力争做到“三个人就能种好 1 200 亩农田”。

蒋巷村在发展过程中，从农业逐步转型至工业，进而拓展至旅游业，展现了其因地制宜、与时俱进的战略眼光，持续拓宽了村民的增收途径。经过多年经营，占地 680 亩的“绿色氧吧”蒋巷生态园声名远扬。村庄西南角的大片香樟林内，亲子互动项目“树上见”掩映其中。在成功引进民宿项目并打造蒋巷书院后，2020 年 5 月，蒋巷村再次迈出重要步伐，新建了一个集休闲、旅游观光、教育研学功能于一体的综合性园区，该园区预计将在未来形成超亿元的产业链，进一步促进村民的就业与创业。

现任蒋巷村党委书记的常德盛介绍，今天的蒋巷村一二三产协调发展，每年村集体收入超过 2 000 万元，其中旅游收入就超过了 1 000 万元，集体总资产超过 10 亿元，村级经济呈健康发展的势头。2019 年，全村总产值达 10 亿元，村民人均纯收入达 5.25 万元，人均社区股份制分红 1 万元。

2. 老有所养，社会保障体系健全

“村像大花园，家住别墅区，既有工业园，也有生态园，真是社会主义新农村样本。”山西省绛县古绛镇退休村干部赵光泉从报纸上看到蒋巷村的报道将信将疑，决定亲自去看个究竟。2000 年的一天，年已七旬的老赵只身前来，村里村外转了个遍，心悦诚服赞叹不已，“真想住在蒋巷村”。

米袋子、钱袋子鼓起来，社会保障也得跟上。蒋巷村人富起来后，明确了幸福生活的愿景：“劳有丰得、住有宜居、老有颐养、学有优教、病有良医”。

2000 年起，蒋巷村分两批建成拥有 186 幢红瓦绿荫“小洋房”的集中居住区，每幢 220 多平方米，造价近 30 万元，村民只需交付 12.8 万元，气化灶具、太阳能热水器、洁具等都由村里提供。“自来水、天然气、生态园、剧场、商贸街、活动中心，我们有城里人生活的便利，又有着城里人没有的乡村风光，你说好不好?”村民沈学平很是自豪。

距离“小洋房”不远，坐落着蒋巷村老年公寓。房间一共 158 套，按三星级标准配套用具，老人免费使用。“周围都是年纪相仿的老邻居，相互之间说得上话。”几年前，78 岁的村民姚守高老人和老伴一同搬进了老年公寓，“白天，我们去别墅新村帮忙照顾重孙子，晚上回自己家里休息。”

除了住得舒心，蒋巷村老人还“按老取酬”，按月领取养老金。每年村里还有股份分红，去年人均达到了 1 万元。据统计，2019 年全村人均可支配收入超过了苏州城镇居民收入水平。

这几天，蒋巷村村委会对面的蒋巷护理院已经装修完毕。这处规划床位 250 个的护理院将采取“公建民营”的方式：由村集体建造，同专业养老护理机构合作，实行社会化运营，村内村外的老人均可享用。

参考材料

央广网．蒋巷村的变迁（全面建成小康社会·“百城千县万村调研行”），http://news.cnr.cn/native/gd/20200923/t20200923_525273694.shtml。

对蒋巷村发展有兴趣的读者，可以进一步阅读如下资料和报道：

1. 求是网．探寻乡村振兴之路——苏州常熟蒋巷村调研的理论思考，http://www.qstheory.cn/dukan/hqwg/2019-05/22/c_1124523129.htm。
2. 醉在夕阳里．走向共同富裕 | 家乡蒋巷这个共同富裕的村庄，我已去过四次，看来还得去，https://mp.weixin.qq.com/s/fzK_8TeThvziWC2rg4VhfA。
3. 东吴智库，方世南，等．深剖蒋巷村样本，探解苏州推进共同富裕的乡村实践，http://sutt.suda.edu.cn/47/e6/c23316a477158/page.psp。
4. 江苏省民政厅．蒋巷村，http://mzt.jiangsu.gov.cn/art/2021/6/3/art_82385_9837908.html。

五、邀你共议

1. 根据土地集中和资源统一经营发展的不同状况，可以将战旗的土地集中和资源统一经营发展分为几个阶段？每个阶段的特点是什么？

2. 土地集中为集体经济制度的发展贡献了什么？它的后续影响有哪些？

3. 若将集体经济制度的内容进行细分，可划分为集体土地所有制、农业的集体经营制度及非农业的集体经营制度等几个方面。请分别说一下战旗在这方面的制度的情况。

4. 对比战旗村、开弦弓村、蒋巷村的发展和变迁，它们在土地经营管理和集体经济组织制度方面有哪些相同或不同之处？你怎么看待土地与产业发展之间的关系问题？集体组织在乡村发展中应发挥什么样的作用？

第四章

战旗村土地集中和资源统一利用的经验

土地是村庄发展最基础和重要的资源。对很多村庄来说，由于农作物市场价格较低，导致集体所有土地上的各类农地经营主体难以通过自身努力实现可持续经营，全国多数村庄农地经营效益普遍不理想，既不高也不低。农业收益低主要归因于宏观经济结构因素，集体经济组织难以独立改变这一现状，因此缺乏积极性去提供农业经营服务或直接参与农业经营。农村土地中的建设用地，包括宅基地、经营性建设用地和公益性建设用地，若缺乏有效规划，则容易呈现分割分散的状态，难以满足非农产业发展和各类服务用地的需求。而土地是农村最重要的资源，也是大多数村庄都有的资源。土地资源不能为村庄带来足够收益，我们又怎样期盼大多数村庄实现乡村振兴的愿景呢?

战旗村成功实现了以土地为基础的发展路径。此外，战旗村的土地资源条件虽一般，但其发展模式却为类似条件的村庄提供了可借鉴的范例。基于土地资源对于村庄发展的重要性，战旗经验应该学。以土地谋发展，并不是说村庄要具备百里挑一的土地质量和土地区位优势。部分村庄面临土地资源贫瘠、农业生产条件受限的问题，无法满足“一方水土养一方人”的基本需求，特别是在自然资源极度恶劣的“三区三洲”等贫困地区，其土地资源的利用难度极大。此外，若村庄土地的交通位置不好、过于偏僻，在市场化时代，连农用生产资料的进入、农产品的外销都存在问题，这类村庄土地利用的外部支撑条件不具备。但多数村庄并不属于上述情况，战旗村和多数村庄一样，土地条件一般、交通位置也一般，是一个普通村庄。在土地利用条件下，战旗村的起点和大多数村庄是同等的。战旗村在改革开放之前的集体化时代，就走在了时代前列，实现了以地谋发展。战旗村以土地为基础的发展经验具有显著的代表性，值得其他村庄学习和借鉴。

战旗村利用土地资源求发展的经验，值得在当下学习。在利用土地资源谋求发展的过程中，尽管战旗村拥有上级政府重视、政策扶持、城市化带动等时代条件，但它并非当地条件最为优越的村庄。战旗村在 21 世纪之后才真正踏上了以土地资源谋求发展的道路，而在此之前的城市化、工业化机遇，它没能充分利用。改革开放后，那些位于大城市规划区内的村庄，因其优越的地理位置，优先将土地利用转向农地种植经济作物、建设厂房出租、宅基地建房出租及自主创办各类企业。农民整建制地转变为市民，其土地被征收为国有建设用地，从而推动了村庄的转型与发展。位于大中城市近郊区的村庄，则能够轻易地承接城市工业的技术、人才和管理经验的辐射，从而创办起高水平的乡镇企业。从改革开放初期一直到 21 世纪初，上述地带里的村庄如有好的政策和本村能人带动，也没有遭遇突然的自身变故和来自外部的困难，多数已经发展起来了。而战旗村在改革开放之初到20世纪末的发展历程中，并不是处于接受城市化、工业化辐射最有利区域，其一直在探索。进入21世纪之后战旗村的探索才渐入佳境。

战旗村面临的问题与多数村庄相似，其需要把握的机遇及可利用的发展条件亦与全国大部分村庄存在显著的共通性。战旗村解决的问题起码在土地问题上和其他村庄要解决的问题相仿。21世纪以来，战旗村在20年的发展历程中，以紧凑的步伐逐步完成了农地与宅基地的集中、经营性建设用地的市场化价值实现、全村土地的统一规划、集体成员土地权益的明确界定，并且充分利用全域土地的整体优势及广阔空间与外部市场主体展开合作，从而最大限度地挖掘了村庄土地的价值，为村庄在产业、文化、治理及组织等多个领域的全面发展奠定了坚实基础。而这些，正是那些想要发展集体经济、除了土地资源基本没有其他资源的村庄都想要解决的问题。

相较于那些在21世纪之前便已成为明星村的村庄，战旗村在整合土地和资源等方面的努力并非独创，但其解决问题的策略仍展现出新颖的思路。在村庄发展的过程中，会有各类问题不断涌现，战旗村当前所面临并正在梳理的困难与挑战，极有可能成为其他乡村在未来发展中需要纳入议程的重要议题。战旗村在土地问题蹚出路子后正在谋划解决的问题，如合并邻村、产业转型、绿色发展、人才培养、城乡融合，也是今天相当多的村庄发展必须面对的问题，理解战旗的处境、体会战旗的经验会让来自农村的基层干部感同身受并得到多方面的启示。

本书的前三章从不同层面阐明了战旗村土地集中和资源经营的诸多实践思路。本章在前面三章的基础上，进一步凝炼战旗村土地集中和资源统一经营的经验，供读者参考和借鉴。我们将可以看到，战旗人所说的“土地集中与经营”蕴含了战旗村发展的核心经验，它联系着集体经济制度的演化与加强，联系着村庄产业经营的拓展与深化，联系着乡村治理的确立与延伸。

一、土地集中的“村域资源重组和运营”的内涵

战旗村的土地集中不仅集中了土地，而且通过集中土地开启了对村庄全域全要素的集中和有效利用。

从时间的脉络去了解战旗村的土地集中和土地经营，很容易将其起点看成农地流转和规模经营，重点看成建设用地的集中和将建设用地作为要素参与对外合作和产业发展。这是由于战旗村在介绍自身经验时，倾向于采用这一视角进行阐述，而稍微脱离一下时间脉络和他们自己的说法，带有一种旁观者视角时，可能会将战旗村的土地集中看作村庄全地类的综合整治和规划。但是，这样仍然可能陷入比较窄的专门工作的领域，综合整治和规划是政府相关部门的用语。

从“村庄集体或农民集体的发展”的目标视角出发，土地集中可被视为村庄集体或农民集体对自身发展资源进行的一种重组与运营策略，即“村域资源重组与运营”。村域资源包括土地，但不仅仅指土地。重组的首要任务是集中土地资源及其他相关资源，旨在恢复资源本身的完整性，并且促进整个资源生态系统综合功能的发挥。运营则要使得各类资源实现其价值，推动各类资源和外部主体进行合作利用，以产生可持续的利用价值，各类资源结合在一起能各尽所能，使

村庄经济、社会和治理等多个领域互促互进。

战旗村对自身发展资源的认识和利用不是最初就做到了“村庄资源重组和运营”，但他们从土地中的农地集中开始，一步步走向了对各类村庄发展资源的重组和经营。

土地被集中起来后，虽由集体负责经营，但并非直接由集体成员个体进行经营。土地集中，表面上是土地地块的集中，实质上是土地经营权的集中。而等到了绝大多数农户都加入集体农业股份合作社以后，其作为集体经济的具体经营组织的特性就基本上具备了。通过农地的经营集中，战旗村赋予了村集体独立掌控土地等重要资源资产的权利，进而获得了集体经营权。这一权利只需配合具体的经营形式，便能推动村集体经济的有效运行与持续发展。土地集中的过程使得集体经济的治理体系进一步合理化，内部结构更加健康。

二、充分发挥村庄集体推动村域资源集中的自主动力

战旗村在通过村域资源重组和运营道路获得村庄发展的过程中，其内在驱动力发挥了重要作用；具体的重组和运营时机、方式选择充分地利用了政府政策试点和发展规划等提供的动力。

根据现有资料和我们的访谈，2003 年战旗村着手对农地进行集中，有三个方面的推动力。一是 2003 年 8 月，李世立和高德敏在考察集体经济先进村后，对土地资源集中利用的重要性有了更深刻的认识。二是 2003 年村办企业由股份合作制转变为租赁制后，村集体经济发展面临如何进一步发展的紧迫问题，这成为亟待解决的关键议题。三是成都市在 2003 年年初，在全市范围内推进以“三个集中”为核心的“城乡一体化”改革，“三个集中”即工业向园区集中、农民向城镇集中、土地向规模经营集中，市区两级政府对于农村基层落实这一改革举措有强烈需求。

在村干部与村民达成共识后，土地集中被纳入村庄发展的整体战略规划之中。村庄发展的整体战略规划旨在通过进一步发展集体经济，进而实现村庄的可持续发展。土地集中的初步实施旨在提升村集体在农地经营中的收益，并且为后续企业发展提供更为优化的土地利

用空间。上述三个动力因素中，源自村庄内部的原因有两个，而源自政府的原因则有一个。从时间顺序上看，改制措施先行，随后是参观学习，而上级的部署则位于两者之间。战旗村土地集中决策的推动力量应视为村庄内部因素与政府因素的综合体现。村庄对政府政策的理解也成为坚定村庄发展目标和尝试土地集中作为路径的理由。然而，村庄内部的因素在推动土地集中决策中占主导地位。因此，作为最基层的组织，战旗村基于集体发展的客观需求及经由参观学习激发的自主思考，关键性地启动了土地集中的决策过程。

三、通过集体对土地的统一经营落实集体土地所有权和村庄规划权

村集体发展需要集体行使对村庄资源的统一经营权，土地集中表面上是土地利用形态的集中，实质是土地经营权的集中。土地集中的根本内涵是回收分散在村民手中的经营权，使得作为土地所有者的村集体重新获得了对村庄土地利用的主导权。在这个基础上，村庄的自主规划权也就容易落实。

我们重新回到战旗村土地集中的经典时刻来解读土地集中的统一经营内涵。在第5组、第7组两个组的农地交由集体统一经营的阶段，这两个组农地的集中是通过增加集中的额外收益来支撑这一制度转变过程中对农户的补偿的。原本由农户承担的向国家交税的责任，转变为由集体统一承担。全村500亩土地的集中，也是在多数农户对集体经营土地的可能好处有了基本的认识之后，自愿同意集中的；对于少数不同意集中、希望继续在自己原有地块耕种的农户，集体通过向他们调换质量更优的土地，以确保他们可以继续进行农业生产。这也是由集体通过“赎买”（补偿相比过去单户承包状态下的境况要好）、以集体所有制的正当性为后盾的“赎买”而促成了更大规模的

土地集中。

在此次土地集中推动的土地确权中，对由农户拥有使用权的 3 种土地（宅基地、承包地和自留地）进行了确权。这表明，虽然农户拥有使用权的土地具有 3 种不同的使用用途，但是其使用权均来自集体，集体可以对它们进行确定。而农户拥有使用权的土地的利用方式经由村民议事会讨论决定，采用了集中利用的方式，宅基地集中用于建设集中居住的住宅小区，承包地和自留地集中用于农业的统一经营。

土地集中利用的方式仍然以农户拥有承包经营权和宅基地使用权为基础，与过去农户分散利用土地相比，存在显著差异：第一，经村民议事会审议决定，全村宅基地的选址不再局限于村民世代居住的祖宅或多年居住的老宅，而是统一规划于选定的集中住宅小区内，每户的具体位置将通过抓阄的方式在未来确定。同时，原有的宅基地将被复垦为耕地，其面积将并入农户原有的承包地和自留地，共同构成农户所享有的全部承包地和自留地面积。第二，每户所享有的全部承包地和自留地面积不再与特定地块直接对应。对于愿意加入战旗村农业股份合作社的农户，将根据其确定的农地使用权面积享有相应的股权；而对于不愿加入的农户，村集体将另行划定农业用地供其耕种。概言之，新的集中利用打破了农户具有使用权的土地的原有位置组合而成的土地利用格局，通过允许农户对集中小区内的宅基地位置的选择，对耕地是否加入村农业股份合作社的自行选择，以及允许选择耕地不加入村农业股份合作社的农户可以在村另行划定的田块里自主选定耕地位置，从而最终确定了集体土地所有权的完整权能。农户仍然确切地拥有集体所有土地的使用权，但是，其对土地位置的选择权却是在集体统一选定宅基地和集体另行划定农业用地之后的有限的选择权。

战旗村的发展还表现出土地合理利用和村庄自主规划之间的相互推动。在战旗村发展的初期阶段，其采取的发展措施与全国多数村庄相比，并未展现出显著的差异性。在集体化时代抓农业，改革开放后发展集体企业，在这样的阶段，战旗村比别的村庄更强一点的是，他们做的标准更高、具体工作更实，但是很难说他们就形成了自己独树一帜的发展路径。然而，正是通过反潮流的企业改制及深入农户和村小组的土地集中策略，战旗村逐渐探索出了具有自身特色的发展道路。在采用这些独特方法推动规划之初，随着实质性措施的逐步实施，战旗村开始从整体角度思考村域资源的综合利用问题。此时，村庄规划的重要性日益凸显，前期是土地集中和全面发展的需要催生了村庄规划，后期则是村庄规划引领土地经营和全面发展。村庄规划越来越具有指引和先导功能。

四、自主村庄规划促进集体经营性建设用地有效利用

为了真正行使对村建设用地进行统一经营的权利，首先需要建立在资源集体所有权基础之上的村庄规划权。土地集中所取得的显著成果促使战旗村对村庄土地利用格局进行了全面而统一的规划。当郫都区被选定为全国土地制度改革的试点区县后，战旗村积极学习相关改革要求和目标，紧抓政策机遇，通过实施“增减挂钩”政策试点，成功实现了村民的集中居住。随后，战旗村又成功完成了四川省集体建设用地入市改革的首例交易，这进一步巩固了村庄自主规划全部土地的能力，标志着其开始真正获得对集体建设用地的统一经营权。此次入市改革，真正实现了集体建设用地的上市交易，使村干部和村民深刻认识到集体建设用地的市场价值，从而更加珍视建设用地资源，更加重视对其的合理规划和使用。同时，也开启了进一步的思考，在建设用地有价的前提下，如何能对建设用地进行经营，实现建设用地的更多市场价值和对村庄发展的更强有力的支撑和推动。

为了更好地做好村集体发展规划和落实规划，就要对村庄拥有的每一片土地、每一份资源都有切实的了解。针对未利用地，战旗村将村庄的每一寸土地视为宝贵资源，村集体需全面摸清底数、进行精准

度量，并且合理加以利用。战旗村将这些未利用的土地视为村庄增值的潜在建设用地储备，在建设用地规划尚未制定及上报批准之际，可将其中适宜部分以内部价格进行出租，以期实现资源的有效利用与村庄价值的提升。1996 年之前，战旗村就把每一块建设用地的权属都梳理清楚了，并且办理了集体建设土地所有权证书。在确立统一的资源经营管理权，并且构建了集体经济的经营组织和治理模式后，促进发展集体经济与村庄发展的紧密协同，以实现两者的相互促进与共同发展。

正因为有了村庄规划的蓝图，所以战旗村就更加自觉地重整集体资源资产的所有权主体，重整土地资源的空间版图，重新梳理集体资产的合理分布，重构集体组织和集体组织的经营。

五、通过土地集中和资源统一经营推动村庄产业发展和村庄善治

土地集中和资源统一经营是村庄产业获得自主发展能力的必要基础。20 世纪 80 年代，为卖方市场，乡村做的除农业之外的产业只要村庄实施，大概率就可以获得部分利润，而到了 20 世纪 90 年代，进入市场的产业主体大幅增加，村办企业的弱点就显现出来。随着市场竞争日益激烈，村办企业不仅面临倒闭和自生自灭的风险，而且经历了股份合作制改造，这些举措严重削弱了村办企业的实力。将村办企业坚持下来的战旗村等到 21 世纪来临，城市中的过剩资本要下乡时，土地集中后的建设用地成为战旗村同外部主体发展合作兴办新产业的重要基础。这一点从“妈妈农庄”的外来投资人与战旗村的合作可以充分体现。

农地集中已初见成效，集中后的农地最初吸引了大量专业种植大户的入驻，随后进一步发展为以农地作为股份入股农产品加工企业。而这些企业进村兴业保证优先雇用本村劳动力，企业经营所得利润进一步为集体持有的农地股份或资金股份带来了分红收益。农地上对外合作达到了和村办企业一样的结果。因此，农地集中使得农地的经济价值得以更大规模实现。

宅基地的集中管理使得多余的建设用地能够通过“增减挂钩”政策和入市交易，直接转化为用于村庄发展的资金。这一现象促使村庄深刻认识到其集体建设用地的巨大市场潜力，以及确保充足建设用地对于实现村庄土地利用自主规划的关键重要性。

农地与宅基地的集中管理促进了战旗村的产业发展和集体资产的大幅增长，进而促使该村更加重视村庄整体规划的科学性和适应性。在产业规划方面，战旗村摒弃了仅依赖外部市场需求、片面追求经济利润的传统思路，转而注重村庄整体发展的可持续性，致力于构建符合当地实际的合理产业链和价值链，同时兼顾产业、生活和生态的全面发展。战旗村得益于自主规划意识和能力的提升，产业规划展现出了更为超前的视野。这使得战旗村能够真正立足于更广阔的区域和全国发展大局，同时紧密结合城乡融合发展生态文明战略和城乡融合发展大局，来审慎考虑选择何种产业及采用何种方式推动产业发展。

实现土地集中和资源统一经营也为村庄善治确立了物质基础和制度基础。土地集中和资源统一经营建立在落实村庄集体对集体土地的所有权基础之上，集体对土地和自然资源的经营获得稳定收益，意味着集体经济发展最根本的途径即获得集体所有权的经济收益得到了保障，因而村庄公共服务和村民福利才有了保障，村庄善治有了重要的物质基础保障。另外，土地集中和资源统一经营还和集体经济的治理制度相连。在土地集中和资源统一经营的过程中，集体经济的治理制度也得到完善，而集体经济的治理是整个村庄治理的基础性部分，集体经济治理制度的确立也就为村庄的整个治理打下了制度基础。

通过对战旗村土地集中和资源统一经营的由来、实现机制和综合影响的分析，我们可以获得对战旗经验的立体和综合性的理解，“土地集中和经营”是战旗村发展的基础层面，也联系着战旗村发展的方方面面。面对战旗经验，我们要防止任何片面和单向的理解。这也是这本书希望读者确立的基本认识。

战旗村大事记

1950 **年** **解放**

四川省崇宁县解放，反动势力发动大暴动，但被迅速镇压。取消保甲制，建立了农民协会。

1951 **年** **土改**

1951 年，成都市崇宁县（辖今唐昌镇）土地改革委员会成立，次年完成土改。

1952 **年** **互助组**

1952 年，集凤村由杨洪发起成立星星互助组。

1954 **年** **初级社**

实行以人定量，计划供应粮油，1954 年成立了金星初级农业生产合作社。

1955 **年** **统购统销**

全县农村全面开展“定产、定购、定销”的“三定”工作。

1956 **年** **高级社**

1956 年金星高级农业生产合作社成立。

1958 **年** **人民公社**

1958 年毛泽东主席到郫县红光公社考察。先锋人民公社成立。

1960 **年** **“三级所有、队为基础”**

人民公社体制调整为“三级所有、队为基础”。1962 年，以此为主要内容的《农村人民公社工作条例（修正草案）》，简称《人民公社六十条》，正式颁布执行。

1965 **年** **集凤大队从金星大队分出**

在四清运动工作队的主持下，1965 年原金星大队的三大队分出设立为集凤大队。当时分得三间猪圈房、一个木制文件柜、三把圈椅，还有 700 元的债务。

郫都区开展农业学大寨运动，进行农田基本建设。

1966 **年** **集凤大队改名为战旗大队，开展“文化大革命”**

经大队支书蒋大兴提议，集凤大队改名为战旗大队。

年底先锋公社召开“文化大革命”动员大会。战旗大队成立群众组织，开展活动。“文革”时期村内秩序井然。

1971 年 **农田水利建设**

战旗大队对支、斗、农、毛各级渠道的全面修缮，改造下湿田、漕田 400 多亩。

1973 年 **水稻和小麦单产位居全县榜首**

战旗大队水稻亩产量达 762 斤，小麦亩产量达 520 斤，居全县榜首。农业生产实行分组作业、联产计酬。

四川省军区民兵工作会议，印发调查报告《战旗大队党支部是怎样在三大革命运动中加强民兵建设的》。

1973—1975 年 **战旗民兵连建设与条田改造**

战旗民兵连代表多次参与省级大会，在大队支书罗会金带领下积极参与考核和水、土改造工程，条田改造，获得上级表彰。后罗会金调到先锋公社担任党委书记，李世炳任战旗大队支书。

战旗做到了“沟端路直树成行”，实现了条田化体系。

1977 年 **停种双季稻**

战旗大队停止了栽种双季稻，主攻中稻。随着粮食产量增加，基本解决了吃饱饭问题。

1975—1980 年 **集体集中居住区初建**

1975 年，大队书记李世炳带队去大寨学习，回战旗大队之后，规划修建了战旗新村。1980 年，第一个农民集中居住区建成，17 户 87 人入住。

1979—1982 年 **社队企业蓬勃发展**

1979 年，在县人民武装部引导下，利用大队逐年积累的粮食储备的变卖款，投资购买了机器。以本大队良田 30 亩调换了相邻园艺村的山地，开办大队第一家集体企业——先锋第一机砖厂。大队酿造厂建成投产。1982 年又创办了大队树脂厂。

1983 年 **“包产到户”，社企承包**

1981 年，战旗大队只有 3 户举手表示同意“包产到户”。大队到县政府报告后同意“包产到户”暂缓执行。1983 年，顺应形势全面实行土地分包到户的联产承包责任制。大队企业实行承包制。

1983 年 10 月战旗大队改名为战旗村。

20 世纪 80 年代至 90 年代 **乡镇企业蓬勃发展**

战旗大队改为战旗村。兴办战旗酒厂、机面厂、铸造厂等大小 15 个村办企业。1984 年，国家将社队企业正式更名为乡镇企业。

1985 年，全村多于半数劳动力从事企业工作和务工。1987 年办铸造厂（1991 年停业），1987 年，战旗村完成了第一轮企业承包。

1989 年酒厂破产，建面粉厂。1990 年在郫都区武装部帮助下筹建郫都区复合肥料厂。1992 年修建郫都区会富豆瓣厂。

1994 年 **乡镇企业改制**

1994 年，各地开始试行农村股份合作社，以推进乡镇企业改制。郫都区开展股份制试点，战旗村五个效益较好的企业被整合成立了一个股份合作公司，即成都市集凤实业总公司。规定股权只能在企业内部进行转让。

1994—1997 年 **军民共建**

战旗村连续四年被评为成都市军民共建先进单位，并被中宣部、中国人民解放军总政治部评为“双拥共建社会主义精神文明先进单位”。

1998 年 **土地二轮承包**

第一轮承包到期，年底，战旗村进行了第二轮土地承包工作，严格按照“大稳定，小调整”的原则，承包期延长到 30 年。

2002 年 **村“两委”换届**

战旗村“两委”换届，李世立书记和高德敏主任上任。

2003 年 **完成集体企业改制**

1998 年，国家政策鼓励企业主购买村办企业。战旗村村办企业在承包基础上由经营者购买企业股，职工也获得少量个人股，但随即出现个人获利、集体亏损状况。2003 年，村党支部决定进行集体企业第二次改制，收回个人拥有的集体企业股份，彻底清产核资，建立了村集体拥有全资的“集凤实业有限公司”，并重新招标企业经营者，签订企业租赁合同。经此改革，2004—2006 年，集体企业给村集体贡献的总收入较前增加了 500 多万元。

2003 **年** **小范围试验农地流转**

2003 年，时任村党支部书记的李世立和村委会主任高德敏到华西村、南街村等地考察，发现集体经济实现规模经营要依靠土地集中。回村后进行宣传，并首先在第 5 组、第 7 组展开土地集中的试点，党员、村干部带头，每组拿出 50 亩。

2006 **年** **建立集体合作社，经营村内农地**

国家取消农业税。

2006 年，在自愿有偿的原则下，战旗村村委会引导村民以土地承包经营权入股，共集中 600 亩，成立集体全资的战旗农业股份合作社(2009 年注册为战旗蔬菜专业合作社)。按 9 个生产队成立分社，农户与分社集体签订有偿流转委托书，分社长代表农户与总社签委托书。

合作社成立后，县农发部门给予 300 万元的项目支持经费，用于土地整理，修建沟、路、桥等基础设施，并建立水电大棚做设施农业。

2006 **年** **承办“大学生进农家”活动**

2006 年，战旗村争取到“成都市第一批新农村文化建设试点村”的下派任务，全村农户接纳 300 多名大学生，开展“高校 + 支部 + 农户”大学生进农家活动。

2007 **年** **招商引资引进第一家现代农业企业**

春节后，经成都市委领导指示，战旗村成为农村新型社区首批试点。榕珍菌业于 2007 年 8 月 3 日正式在战旗现代农业园区落户，占地 301.5 亩，以工厂化方式生产食用菌，解决了战旗村和金星村

400 个农民的就业。

2007—2009 **年** **村民集中居住**

2003 年，在土地向集体集中的同时，村“两委”开始设想集中居住。

2005 年，村干部看到郫都区关于拆院并院的 45 号文件。

2006 年下半年，战旗村去唐元镇长林村参观拆院并院项目，开始考虑战旗村集中居住规划。

2007 年，成都市出台土地增减挂钩政策。战旗村集中了 60 处院落 400 多户宅基地的 440.8 亩，以其中 215 亩作为安置村民的小区建设及基础设施用地，另 208 亩建设用地指标拟利用增减挂钩政策置换建设小区的资金。

2007 年 6 月，成都市被批准设立全国统筹城乡综合配套改革试验区，战旗村成为全市首家农村新型社区建设示范点。

2007 年到 2008 年战旗村进行集中居住小区建设，2009 年小区建成，96%的村民实现了集中居住。

2009—2011 **年** **农地集中 95%**

集中居住后，更多农民进入企业工作，集中土地的意愿增强。2010 年年底，村集体合作社集中土地 1 600 亩，占全村耕地 80%。2011 年，集中的土地增至 1 820 亩，占全村耕地 95%。其中，合作社集体经营 90 亩土地进行新品种示范，1 740 亩流转给 16 家业主和龙头企业，地租逐渐涨至 1 800 元一亩。

2011 **年** **土地权属调整**

2011 年，成都市进行农村产权制度改革。战旗在土地集中、住宅集中的基础上，以村为单位，重新进行承包地、宅基地、建设用地的权属调整。为确定分地的资格，定 2011 年 4 月 20 日零点为确定集体经济组织成员资格的标准时间。最终经全体村民通过，实现了按人口平均分地。每个集体经济组织成员分得承包农地 1 亩 1 分 3 厘 7，每户分得宅基地 80 平方米。各村组（生产队）的土地面积也调成一个样。集体经济组织成员的土地实现确权不确地后，方便村集体统一管理，统一流转，统一分配，也为之后招商引资、土地入市创造了条件。

2011—2013 **年** **谋划产业升级**

2011 年战旗村以集体建设用地 23.8 亩入股，与外部资本合办“妈妈农场”，占股 5%。“妈妈农场”占地 600 亩，含 400 亩薰衣草田和各类花卉种植。2012 年，“妈妈农场”功能区落地，含酒店、餐饮、会议室和休闲区域，当年开业。

2013 年，引入四川蓝彩虹生态农业有限公司，种植蓝莓。

2014 年，肥料厂旧址被二次利用，引入郫都区满江红调味食品有限公司。

2015 **年** **准备集体经济产权制度改革方案**

2015 年，农业部、国家林业和草原局、国土资源部及市县有关部门到战旗村考察调研产权制度改革工作，战旗村起草《集体经济股份化改造试点工作实施方案》，对所有集体资产进行股份量化。

2015 **年** **集体经营性建设用地入市，建成五季·香境文旅综合体**

战旗村争取到土地入市政策，成为全市 33 个集体经营性建设用地入市试点之一。出让关停的复合肥厂和老村委会 13 亩多建设用地。四川迈高旅游公司以 52.5 万元/亩的价格，取得这块集体建设用地 40 年的使用权，敲响了全省农村集体经营性建设用地入市交易“第一槌”。

之后与迈高公司合作，建成五季·香境文旅综合体。

2015 **年** **建立村集体全资的非农资产管理公司**

战旗村注册“唐昌镇战旗资产管理有限公司”，与 2009 年注册的战旗专业合作社一样，成为村集体全资拥有的集体经济组织。2003 年注册的“集凤实业有限公司”更名为“集凤投资有限公司”，“集凤实业公司”拥有的非农的集体资产全部归入“唐昌镇战旗资产管理公司”的集体资产。

2016 年 **划为水源地，绿色转型**

2014 年，中央提出生态文明建设。2016 年，战旗村被列为水源保护区，相继关停集体砖厂、预制板厂、复合肥厂、润源铸造厂、覆膜砂厂。村民代表 40 人考察袁家村，思考产业转型。

2017 年 **召开首届四川村主任论坛**

2017 年，首届四川村委会主任论坛暨村社发展大会在战旗村召开。

2017—2019 年 **建设乡村十八坊**

2017 年，村集体经村民大会通过开始建设乡村十八坊，于 2019 年 8 月正式开张。这是战旗村集体自主实施、自主修建、自主运营的第一座大型乡村产业业态，由村集体资产管理公司统一管理。

2018 年 **习近平总书记视察**

2018 年 2 月 12 日，习近平总书记考察战旗村，作重要讲话，表彰其“战旗飘飘，名副其实”，嘱咐其在乡村振兴中，继续“走在前列，起好示范”。

2018 年 **建成战旗乡村振兴培训学院**

2018 年 9 月，战旗乡村振兴培训学院注册成立。占地 28 亩，由战旗村集体出资，并占 51%的股份，国企出资建造地上建筑。该学院旨在打造最接地气、最具特色的乡村振兴人才实训教育典范基地。

2019 年 **中延菌业全资收购榕珍菌业**

2019 年，台湾企业中延菌业到战旗村，全资收购了榕珍菌业，未来计划将产业链延伸到农业休闲体验，进一步融入战旗村一二三产融合的产业体系。

2019—2021 年 **与国企合作，土地作价入股**

2019 年，战旗村以探索土地作价入股的方式发展集体经济。先后和国有公司郫都区建筑工程公司合作建造乡村振兴学院、农耕博物馆、战旗天府酒店。

2020 年 **壹里老街**

2020 年 7 月，壹里老街开街。

2020 **年** **金星村合并**

2020 年 6 月，金星村并入战旗村。进行金星片区宅基地改革试点，拟整理建设用地，建设新小区。政府成立工作专班，定位红色战旗片区，重新规划，投入资金进行改造。

高德敏书记荣获全国劳动模范称号。

2021 **年** **乡村治理先进典型**

2021 年 4 月，战旗村被四川省委城乡基层治理委员会评为“四川省首批乡村治理示范村镇”；6 月 28 日，战旗村党委被中共中央授予“全国先进基层党组织”称号。

2022 **年** **村委会职能部门调整为四大办**

2020 年，村委会职能部门设置六大办公室（产业办、景区办、综合办、农发办、村建办、财务办），2022 年调整为四大办公室（党群办、综治办、振兴办、财务办）。

2022 **年** **台丽农庄接手“妈妈农庄” 企业管理集团公司成立**

台丽（四川）农业科技有限公司于 2022 年 4 月接手“妈妈农庄”，改名为“台丽农庄”。

四川旅游投资公司与战旗村集体合资的战旗天府酒店开始运营。

由战旗资产管理有限公司、台丽公司参股，共七家股东组成的战旗村企业管理集团有限公司，开展电子商务营销服务和战旗村品牌提升服务。

后记

本书是“乡村振兴说战旗系列丛书”的“土地篇”。对土地及村域资源的整合和综合利用是战旗村实现村庄可持续发展的关键，用战旗人自己的话，叫作“土地集中和经营”。本书展示了战旗村是如何形成“土地集中和经营”的发展道路并不断坚持创新的，重点展示在形成这样一条道路中的思想认识、探索历程和具体做法。第一部分在战旗村的历史变迁脉络中展示战旗村土地资源集中整治的早期过程；第二部分描述战旗村在农村改革后土地经营的主导权如何重新集中回村集体手中的演变过程；第三部分重点分析和说明战旗村如何在土地经营的实践基础上重新构建发展出一套新型集体经济组织的运行机制；第四部分总结战旗村土地集中和资源统一利用的经验。四部分内容逐步展开，层层深入，共同说明一种新型集体经济可以在村庄土地资源整合和综合利用的基础上形成和逐步完善。这种新型集体经济发展路径的形成与国家重视“三农”的政策环境和城乡融合的时代背景密切相关，但村庄集体自身积极主动追求的实践行动所积淀的理念和经验也包含着诸多带有规律性的认识和做法，对基层实践者具有启迪意义和参考价值。本书希望传达出这些思路和做法的精髓，为乡村振兴路上的基层实践者提供借鉴和参考。

本书紧紧围绕着战旗村土地资源利用与村庄发展这一主题构思和展开，既有村庄发展史叙述，又有研究性评论分析和经验总结，涉及的许多问题都有较强的学术研究意义，因此也可以将其看作一个关于农村土地与发展专题深度性的村庄研究案例。同时，我们设定读者的类型是正在思考本书所探讨问题的实践者和研究者。对实践者来说，我们还希望就村庄土地的经营，提供一个深度的系统教学案例，展现触及这方面问题的解决方案，以便使他们举一反三，将有关思路和做法运用到自己的实践中去。在前三章中，我们针对战旗村的具体做法，特别设置了“导入”部分，旨在揭示相关实践的背景与缘由。“内容”部分则详细阐述了“问题展现—实践过程—解决方案”的完整流程。随后，我们提供了作者对该章节内容的深入“评述”，并且通过“阅读材料”展示了同类问题在其他地区的情况，最后设计了“共议”题目，以促进读者的深度思考与理解。这些设置可以帮助读者深化理解，也便利有关教学人员安排相应的教学过程。相关表述和观点建立在多次与战旗实践者共同研讨的基础上。

在交付书稿之际，我们还在继续对战旗村土地集中和资源统一经营的相关问题做进一步研究。由于时间紧迫，战旗村与金星村合并后的土地集中和资源经营新方式、村庄规划与片区规划的协调等方面的新课题未纳入本书，我们希望在本书修订或在其他合适机会时再探讨这些方面的问题。

本书的第一章、第二章由刘建进撰写，第三章、第四章由仝志辉撰写。仝志辉对全书内容进行统稿。张浩和陈晶晶参与了对本书提纲的讨论，提供了有价值的想法。

本书“同类做法”的提供者和撰写者是：第一章的第一篇为杨团，第一章的第二篇为刘为青、曹兵、嵇海东；第二章第一篇为张龙，第二章第二篇为杨团；第三章的第一篇为张浩，第三章的第二篇为刘建进。

战旗村党委书记高德敏在本书从立意到完成写作的整个过程中，给予了至关重要的支持与协助。高德敏书记不仅支持我们进村进行深入的调研活动，还多次接受采访，精心协助我们安排对关键人物的访谈。此外，他还审阅了全书的书稿，提出了宝贵的意见和建议。战旗村的李光菊、易奉阳、杨军、任绪瑶等村民，以及战旗乡村振兴培训学院的张娟老师，对本书的初稿进行了细致的审阅，就事实数据等方面提出了核对意见。李世立、冯忠会、苏永全、杨勇、肖丹、杨明学、方磊、易克艳、杨玉、蒋志珍、苏运章等众多战旗村村民及各级党群组织的干部，接受了我们的访谈，为本书的调研和写作工作提供了丰富而宝贵的信息支持。成都市双流区白塔社区党支部书记肖道全先生，为我们详尽介绍了白塔社区农村集体经济组织的产权和运行机制改革情况，这对我们深入理解和分析该案例起到了极大的帮助。北京农禾之家咨询服务中心的葛宁、吕松波、周王瑜等专家，为本书的调研和撰写工作提供了全方位的协助与支持。在此我们表示衷心的感谢！

本书的写作主要利用了作者对战旗村实地调研访谈的材料，以及多次组织的有战旗村干部及村民参与的有关研讨活动的材料，同时也在写作中参考和吸收了一些已有研究著作对战旗村的描述。这些著作主要有：董筱丹所著的《一个村庄的奋斗 1965—2020》，孙侃所著的《战旗飘飘》，屈锡华等编著的《战旗村变迁纪实录》，杨团、刘建进、仝志辉主编的《探路乡村振兴的基层实践》。

本书的撰写是在北京农禾之家咨询服务中心及其研究组的整体策划下进行的。研究组对战旗村进行了全方位的调研，努力将多年在农村调研的认知，融入对战旗村经验的提炼和总结，这也是“用中国道理总结好中国经验”这一理念的积极探索与实践。北京农禾之家农村发展基金会秘书长葛宁、副秘书长吕松波参加了有关本书编撰的调研活动；吕松波在调研组织、资料整理、内文编辑和联系出版等多个环节中，均付出了大量的辛勤努力。在此一并致谢！

2024 年 2 月

内 容 提 要

本书对战旗村的土地资源整合与农村集体经济组织制度改革的互动过程做了介绍和总结。从理论与实践相互印证的视角阐述战旗村的发展过程，同时也是集体经济组织的发展壮大过程，土地资源的统一开发利用构成了村庄发展的核心动力，而这一动力源泉的维持与增强，则依赖于集体经济组织功能的充分发挥。这是一个互相促进的正向循环，是任何村庄都可以借鉴学习的基本经验。本书还提供了不同时期全国不同地域的其他一些村庄的发展案例作对比，以帮助读者开阔眼界，加深对战旗村经验的理解和认识。